天津市地方志编修委员会办公室资助出版

天津地方史研究丛书

故纸上的天津往事

由国庆　著

天津社会科学院出版社

图书在版编目（ＣＩＰ）数据

故纸上的天津往事 / 由国庆著. -- 天津 ： 天津社
会科学院出版社，2022.12
（天津地方史研究丛书）
ISBN 978-7-5563-0855-2

Ⅰ．①故… Ⅱ．①由… Ⅲ．①天津－地方史 Ⅳ.
①K292.1

中国版本图书馆 CIP 数据核字(2022)第 185666 号

故纸上的天津往事
GUZHI SHANG DE TIANJIN WANGSHI
选题策划：韩　鹏
责任编辑：胡宇尘
责任校对：王　丽
装帧设计：高馨月
出版发行：天津社会科学院出版社
地　　址：天津市南开区迎水道 7 号
邮　　编：300191
电　　话：（022）23360165
印　　刷：天津午阳印刷股份有限公司
开　　本：787×1092　　1/16
印　　张：18.5
字　　数：266 千字
版　　次：2022 年 12 月第 1 版　　2022 年 12 月第 1 次印刷
定　　价：78.00 元

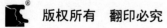

总 序

　　盛世修史是中华民族的优良传统,史志文化是中华民族光辉灿烂文化的组成部分。习近平总书记指出:"要高度重视修史修志",强调"推进文化自信自强,铸就社会主义文化新辉煌",为新时代史志工作指明了方向,也提出了新的更高的要求。

　　津沽丰饶,人杰地灵。天津是我国历史文化名城,是高人巨匠聚集之地,有着独特的历史发展轨迹和地域人文气质。"天津地方史研究丛书"坚持以习近平新时代中国特色社会主义思想为指导,坚持辩证唯物主义和历史唯物主义的立场、观点、方法,从社会生活不同的角度观察天津城市发展脉络和不同历史阶段特征,在不同领域的发展演进中感受天津沧桑变迁的历史逻辑。

　　天津市档案馆(天津市地方志编修委员会办公室)将深入学习贯彻党的二十大精神,挖掘天津历史文化资源,助力文化强市建设,繁荣城市文化和学术研究,继续打造好更多的史志研究成果展示平台。我们愿携手广大史志工作者,以史为鉴,开创未来,坚定文化自信,讲好中国故事、天津故事,彰显天津独具魅力的城市形象,贡献更多的精品力作,丰富人民精神文化生活,弘扬中华优秀传统文化,弘扬民族精神和时代精神,为奋力开创全面建设社会主义现代化大都市新局面贡献智慧和力量。

天津市档案馆
(天津市地方志编修委员会办公室)
2022 年 11 月

序

藏故纸、有故事的由国庆

提及收藏,总会让人联想到"拾漏""传承"以及某些岁月的变迁和兴衰。物品的价值来自时间的叠加。所以,收藏的人是有心人,他让散去的日子重新聚拢,把积淀的文化因素擦拭出光泽。这个人是由国庆。

搞收藏,搞来搞去搞成"储蓄"的大有人在。东西越积越多,而且越来越精,或藏之高阁秘而不宣,或津津乐道逢人炫耀,许多收藏家走的就是这样一条"仓储"之路。

而著名学者由国庆的收藏,不仅"积物",更留心于"积学",几年来他出版了多部民俗文化、传统广告文化方面的专著,比如《再见老广告》《津沽旧世相》《中国糕点话旧》《老广告里的岁月往事》《与古人一起读广告》《天津卫美食》《民国广告与民国名人》等,这足以见其在研究上的用功。收藏需要精神与文化的双重依托,其价值才会挣脱"行情"的世俗理念,体现出另外的价值。在老广告的收藏上,由国庆像是掘金者,在真赝混淆的泥阵中跋涉,在浩如烟海的故纸中披沙沥金。

先说故纸里的时尚与韵味。

时间是个好东西。无论多不显眼、不值钱的东西,只要搁够年头,都成了稀罕物。难得的是,有心人的"法眼"能让它们穿越时空,散发出迷人的光彩。收拾起那些散落在许许多多老物件上的细碎的时光,历史脉络逐渐清晰,我们便能沿着线索走回光阴里。

在收藏领域,人们各有各的喜好,东西攒多了就自成一派。说尽了老广告故事的由国庆是个细心的汉子,点心笺、月份牌画、小画片、老商标画等凡是跟广告沾边的,他都收藏,淘换这些东西可费了他不少心思。不过,老广告对于他不是一种投资,由国庆收藏它们是为了研究,而那些花里胡哨的纸张就成为他的学术依据。

在他的书中,如果你忽略所有文字,只看他收藏的老广告画,整体感觉是,以前的广告怎么这么"雷人"呢?比如让一位风情万种的穿着旗袍的女性依偎在一只大老虎旁边,跟两口子似的待在一个大地球仪上,女的膝盖下是"亚细亚",老虎爪子下按着"欧罗巴",背后是蓝天白云。你能猜出这是在宣传什么吗?我不看旁边的注解是完全猜不出来的。

由国庆的书不仅好看,还让人长学问。因为每一张广告的背后,由国庆都在掰开揉碎地给你讲那个年月的故事,甚至是传说。文字与老广告真是相得益彰。在你看完那些很有视觉冲击力的老广告以后,好奇心会驱使着你必须读一读文字。

毋庸置疑,20世纪前50年的商业宣传中最吸引人的、数量最多的是美女题材的广告。在由国庆的藏品中,在他的笔下,广告之于时代,之于女人,水乳交融。举凡烟草、纺织服装、医药、日化产品,甚至是肥田粉,皆为"美目盼兮风韵浓"或"云想衣裳花想容"的情调。无论商品是否与女子有关,她们定会一拥而上,让你的目光无法逃离。这就是广告的目的。

最先,广告上的清末女子宽衣大袖,柔弱温婉;可"西风东渐"的20世纪20年代以来,画中人俨然在一夜间都有了大变化,清纯靓丽的少,丰腴娇艳的多。而城市生活背景下40年代的女性更加成熟,她们或弹琴茶话,或相夫教子。尽管有些老广告已涂上了岁月的旧色,美女的肌肤也有些黯然,但她们自信的表现,与今天相比可谓有过之而无不及。面对洋口红、波浪发、高跟鞋,以及高高开衩的花旗袍或无法再短的迷你裙,人们不禁感叹,好一个花样年华!

读罢老广告,你会知道"眼球经济"并非今天的发明。那个年代没有网络,没有电视,也没有太多可欣赏美女的地方,"脂粉"广告最通俗、最直接、最快捷地满足了大众的审美需求,激发着商品经济的活力。由国庆的著作《老广告里的香艳格调》便是一幅往昔的市井风情画,从中能看出作者下了多少功夫,从如此浩瀚繁杂的老广告里打捞往事不是件容易的事。

再谈民俗文化细枝末节的积攒。

由国庆说,时代脉搏都一一刻画在了广告故纸上,每段故事都是历史的注脚,每页故纸都是昨天的日记。不同于一般的老广告研究,由国庆的研究既关注老广告的画面美,又重视它所承载的商业文明的历史价值,通过老广告,使读者对其所折射的中国文化和东方传统心存敬意。

春去秋来,由国庆一直在中国广告文化史,特别是与之相关的近代人文故事中"游赏",没有停歇。与此同时,他广泛搜罗故纸,深入解读,注重收藏与文史、民俗的有效结合,撰写了大量文稿,还在 2006 年创立了"故纸温暖"文化传播品牌。

中国近代百年波澜壮阔,风云际会,老广告好像涓涓细流,悄无声息地渗透在历史的航程中,老广告、老商标画面所表现出的东西,几乎涉及社会生活与发展的各个层面,可谓包罗万象。

外来文化对中国近代生活的影响显而易见,也更多地交织在城市女性的身上,因为无论是在现实中还是广告中,她们常常都是决定消费的核心因素。

虽然光艳的画面让人过目难忘,但顾客大多只有在边角处才可找到关于商品的话语。由国庆比较喜欢"阴丹士林"系列广告。比如,"阴丹士林"与东方淑媛的个案在很多人心目中已经不仅仅是某种染料、布料的推销,而成为某种生活的象征。当时的社会环境使前辈商人和设计家变得内敛,他们正是在这润物无声之中达到目的的,与时下广告的信誓旦旦、一目了然大相径庭。

风起之时,万木有声。有人逆风而行,留下孤独倔强的身影,有人长风破浪,直挂云帆。由国庆始终研究着他的"杂项",记录着时光里的尘影与身影,云影与帆影。每一本书,都是他自己的光荣与梦想。

由国庆不仅创办了故纸温暖工作室,还连年发起"书传善缘,播种温暖"公益捐赠活动,且重点关照偏远地区,得到许多地方图书馆、大学图书馆的积极响应,让四面八方的读者都能感受到来自天津的温暖。

王小柔

2022 年 6 月 16 日

目　录

第一辑　商界趣楚

第四辑　民生民俗

第五辑　昨日人文

第六辑　朝花夕拾

第一辑

商界翘楚

中华百货售品所力推国货

笔者珍存有民国初期天津中华百货售品所的广告,其上"敬告同胞,请用国货"的标题非常醒目,述说着爱国商人宋则久创办的售品所曾经的坎坷蹉跎和鼎盛辉煌。

八国联军入侵后,直隶总督兼北洋大臣袁世凯在天津大兴实业,清光绪二十九年(1903),周学熙受袁世凯委派赴日本考察实业,回国后在天津创办了直隶工艺总局,成立了工艺学堂及实习工场,首创织造"爱国布"技术。与此同时,陈列相关产品的考工厂在北马路设立,风气大开。1912年3月2日,考工厂在"壬子兵变"中被焚毁,重建后更名为天津工业售品总所。工业售品总所属官办性质,经营策略不多,于是对外招商以谋求发展。

1913年5月,正在估衣街敦庆隆绸缎庄担任经理的宋则久(1867—1956),为实现振兴国货的夙愿,以自己仅有的两万多元接办了工业售品总所,以销售手工精制日用小商品为主。工业售品总所成为当时国内唯一一家专售国货的新型百货商店。

中华百货售品所在四十多年的发展过程中,因时局或经营变化历经三次更名。

宋则久接办了工业售品总所后励精图治,多方充实国产名优货源,薄利推销,商品品种从最初的300多种增加到十年后的4800多种。为提倡国货,突出特点,工业售品总所于1923年更名为天津国货售品所。到1937年前后,天津国货售品所的分庄已经遍及北平、河北、山东、河南、山西、陕西等地,商品已达万余种。

七七事变爆发后,日军占领了天津。天津国货售品所大力抵制日货,遭到日本人的仇视和干涉,售品所被迫在1939年改名为天津百货售品所。

1945年抗战胜利,国民党政府对美国货实行优惠税收,美货充斥国内,售品所为适应新形势,于1947年开设了国外贸易部,销售商品中西皆备,字号再度更名为中华百货售品所。

说到中华百货售品所的历程,我们不能不重读宋则久的故事。

出生在天津小商人家庭的宋则久,名寿恒,15岁就来到天津义德泰绸缎庄学徒,后来又在庆祥、隆聚、德生锦等商号参与经商。宋则久在32岁时受聘出任大名鼎鼎的敦庆隆绸缎庄经理。他一直满怀实业报国的情愫,在光绪三十一年(1905)前后与他人合股,相继创办天津造胰公司、北洋火柴公司、报国牙粉公司等。1912年,宋则久又创办了直隶国货维持会,以振兴实业、强国富民为宗旨,当时会员众多。

放弃敦庆隆优厚待遇的宋则久接办天津工业售品总所实际上冒着很大风险。首先,工业售品总所遇到的是货源问题。当时,实习工场的产品不过300种左右,难以维持商号的生存。宋则久在此时投资或组织造胰公司、织染厂、板纸厂、卷烟厂、家庭手工业社等大小企业,也是为了丰富售品所的货源。宋则久又将目光投向全国,外设分庄,广泛采办。经过努力挖掘,各地的名特优商品一时间云集售品所,如北京的景泰蓝、宫灯、玩具,广东的药品,广西的白铜铜器,宜兴的陶器,河南的锡器、剪刀,烟台的钟表,保定的酱菜,等等,真是琳琅满目,异彩纷呈。

售品所经营之初便很重视广告活动,力求丰富多彩,宣传国货。1914年,宋则久创办了《售品所半月报》,随报赠送该号所售国货的目录,广泛征求意见,指导市场消费。此后,他相继组织音乐会、新剧团、魔术团等,举办演出、游行、演说活动，一面鞭挞时弊，一面宣传商品。不仅如此，宋则久接二连三举办的国货展览会、国货大竞卖活动也收到了良好的社会效果和商业效果。

1919年五四运动以来，宋则久积极投身其中，把抵制日货、提倡国货和整个运动结合起来。在他的组织下，专门成立了抵制日货委员会、日货(禁售封存)检查团等。售品所与此同时准备了更丰富的国货供应市场，并在报上刊登广告，大力宣传。五四运动中，宋则久顶住了北洋政府以及日本人的重重威逼、谣言、诬蔑、恫吓，坚持一贯的爱国主张，毫不气馁，留下了许多佳话。

随着各界群众爱国热情的不断高涨，售品所也利用这一时机不断发展，经营品种从1918年的3000余种增加到1920年前后的近4000种，到

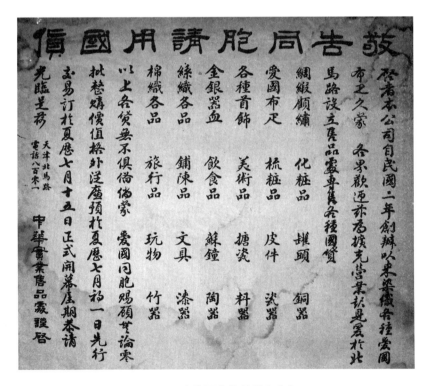

图1-1　中华百货售品所老广告

1926年达到8000种左右,同时大为获利。面对络绎不绝的顾客,售品所应接不暇,因此于1923年在北马路原址加盖楼房。此时更名为天津国货售品所也为今后的发展开拓了更广阔的空间。早期天津商业企业绝少雇用女店员,1924年,天津国货售品所聘请邓颖超、刘清扬等为顾问,并采纳她们的建议,招收了10名女店员,在天津传为美谈。

知识与修养决定事业的成败。宋则久早在清末就不断出版或发表作品,如《商务修身浅说》《买卖法》《白话珠算讲义》《中国新簿记法》《售品所授徒讲义》《宋则久论著》《十年商业进行策》《实用经济学》等,对传播商业知识、培养人才起到了重要作用。1921年,他在天津设立了12处通俗学校,还出资在天津学校较少的地区兴办了6家宋氏小学。作为一名慈善家,宋则久也曾大量捐助过天津社会公益事业。

然而岁月沧桑,好景不长,接连而至的军阀混战让天津国货售品所饱受影响,生意每况愈下。1926年3月,在津的奉系军阀李景林污蔑宋则久为"赤化要犯",将售品所查封,借机敲诈,售品所停业三个月才得以恢复,致使经营元气大伤。重新整合资产吸纳新的股本后,售品所改组,以股份制公司模式继续经营。

20世纪20年代末30年代初,随着天津商业中心向法租界梨栈一带的转移,天津国货售品所在1931年、1932年分别在梅大夫路(今辽宁路)、董事道(今曲阜道)设立了分号。1935年以后,日寇在华北各地侵略更加猖獗,民族工商业备受摧残,售品所在北马路的零售总所营业萧条衰退,被迫将生意转至市内其他分号。

1937年,天津沦陷,日本人对宋则久与天津国货售品所更加仇视。因为早在1935年的时候,天津市面便有一种名叫抗日牌的汗衫出售,汗衫上印着妇女在海滨用阳伞遮挡日光的图案。日本人发现这种汗衫后追查来源,有人随口说是从天津国货售品所批发来的,日本宪兵随即以各种借口、多种形式给天津国货售品所制造麻烦,并警告售品所不得再使用"国货"二字。为了发展,售品所于1939年被迫改名为天津百货售品所。

在如此困境下,宋则久在这几年间还是将分号开到了北平、河北、山东、河南、山西、陕西等地,为提倡国货付出了最大的努力。

在货源近乎枯竭、物价飞涨的情况下,宋则久与售品所终于迎来了抗战胜利的日子,但是国民党统治下的经济与市场环境并不如人意,民族工商业受到层层压榨。面对不利局面,售品所苦苦支撑,开始少量经销洋货,并在1947年增设了国外贸易部,力争在进出口中获得一些利润,所以更名为中华百货售品所。

天津解放后,特别是中华人民共和国成立后,总所设在辽宁路(今艺林阁附近)的中华百货售品所获得新生,经过政府扶持,经营情况迅速好转,至1956年公私合营时商品已达万余种。同年,宋则久在北京香山病逝,享年88岁。1987年5月,在邓颖超同志的直接批示关怀下,中华百货售品所恢复老字号,新建大楼的营业面积达2200平方米,成为令人瞩目的大型百货商场。

老铺的胭脂水粉

中国敷面香粉约始于秦汉,盛于唐代,大多是宫内秘制,为贵人享用,缘此得名"宫粉"。传统香粉也俗称鸭蛋粉,粉饼是如半只蛋的腰圆样,柔颜丽色,花香清雅,芬芳醉人。复杂苛刻的制作工艺和较高成本让普通女子望之兴叹,恰如"美人一身香,穷汉半月粮"所云。

老天津有家大名鼎鼎的化妆品字号——大春林森记张家胰皂香粉店,亦称大春林香货铺。其大约创办于清末,地址在姚家湾子,铺长是张联华。姚家湾子位于天津老城外西北向南运河南岸(裁弯取直前),清道光二十六年(1846)的《津门保甲图说》中即有显示,此地西为驴市口,东为双街口,北向河对岸是梁家嘴。姚家湾子后来又称湾子大街,俗名西大湾子(现井冈山桥一带)。此地贸易发达,运粮漕船熙熙攘攘,素为繁华之地。

图1-2 大春林的胭脂香艳依旧

辛亥革命后,外国化妆品入津的越来越多,大春林创办伊始便以制造优等国货为己任,与洋货竞争,不惜优质原料成本投入,所制香品颇得女性好评,俏销市场。树大招风,相形之下,假冒该号的香品招摇过市,有鉴于此,1916年秋,张联华致函天津商务总会,希望查禁。

天津警察厅于1916年10月21日特发出"案准"布告,道明缘由,对居心叵测者予以警示。布告内容信息量不小,说大春林已开设多年,近时受洋货充斥的影响,商家为振兴国货,投入尤多,精益求精,改良生产"金锭药粉、银锭香粉"等,客商争购。但也有小贩拿着商品前来退换,经大春林甄别货品、说明纸、印章等,竟发现系假冒。经追查来源又发现周边外埠各县多有类似仿冒之货,鱼目混珠。"商本为提倡国货,不惜资本、脑力,始有今日之畅销",岂料奸徒窃取渔利,如不严禁,将来不堪设想。张联华在给天津商务总会的函中指出,该会有保护商务的责任,所以希望总会转请警察厅等严查类似不良之举。且插话,布告文中详确有大春林的多种基本信息,及提到的"金锭药粉"等大致就是现今时髦的"黄金化妆品"的前身。

天津警察厅采纳了商务总会及大春林的建议,在布告末表述,"自示之后若仍贪图小利假冒商标,一经察觉或被告发,定行察究不贷,各自凛尊,勿违此示",最后还加盖了"直隶天津警察厅"大红官印,以示郑重。

后来,大春林生意顺风顺水,不断发展。笔者收藏有多样民国时期大春林的广告商标纸、仿单说明书等,通过故纸信息可知,因时局或管理机构变化,大春林在1929年6月领取了正式营业执照,两个月后还获得了仙鹤牌商标注册证书。相关文字显示,该号当时的经理人是张士林,店址在湾子大街47号。至于张联华、张士林二人的关系尚待进一步确认。

进入20世纪30年代,上好的香粉依然金贵,无益普及。有鉴于此,大春林为谋求大众的幸福,选购地道原料,采用当时先进的蒸馏法制出仙鹤牌敷面香粉。1934年大春林广告宣称:"首重粉质,不事虚伪,并加入兰麝药料等剂……而定价奇廉,用法极便,垂今数十年日夜研究,至臻完善，尤不敢自矜。"大春林香粉制法独特，在精选的母粉（用白兰、茉莉、珠兰、玫瑰等时令鲜花熏香过，具天然花香）中加上天然珍珠粉，以及专门加工的石粉、米粉、豆粉等，用蛋清液按比例调制而成，最后再制成块状（鸭蛋粉）、珠状或粉状上市。前文中提到的"不事虚伪"，一是针对层出不穷的假冒货，二是针对洋货，当时市面上的进口香粉常有夸大宣传、华而不实之嫌，这类香品往往有害女子容颜。

20世纪30年代中期，大春林在进一步提高香粉品质的基础上，特别印制了新版内票（说明书），以便广大顾客辨别真伪。笔者收藏的其中一款"玉容香粉"的商标画上画着美丽的嫦娥，皓月当空，云上仙子飘飘而至，让天下爱美的女子皆能产生美妙遐想。大春林重传统，但也追时尚，如其还出品有"茶花公主"擦面扑粉，此香粉盒是方形的，以淡绿色为主调，盒面四边装饰着欧式边框，中间的西洋女子格外突出，她上身穿着窄小胸衣，下配层层叠叠的纱裙，脚上穿着最时髦的高跟鞋。茶花公主微微昂着头，双手轻轻拽起裙摆，酷似剧照模样。难道画中人是小仲马笔下的茶花女吗？我们不得而知，但从画面中可管窥当时天津及大春林的时髦理念与开放程度。细看盒面上还有一幅小小的立姿仙鹤图，即大春林商标，与笔者所藏大幅商标画一模一样。

大春林的鲜花露香粉紧随其后上市。笔者曾得见鲜花露香粉粉盒，是大红色圆形的，盒面上标着"飞鹤牌"字样，商标图案是一只飞翔的仙鹤。同为仙鹤图样商标，结合前述，一站一飞的变化，其中有怎样的故事呢？需再加考索。这个红色盒面上的"天津大春林工厂出品"字样醒目，"工厂"二字也是产业发展的一种证明。红盒侧面一圈是飞翔的白鹤，且标"水搽干扑两宜香粉"。盒里还残存着细润香粉与水粉色的粉扑，香气依旧沁人，容易让人联想起美人们的过往年华。不仅如此，到了20世纪40年代末，大春林还推出过"蝶香"扑面香粉，粉盒底面也有装饰，画面中有一只蝴蝶，它周围画着连续的半弧线条，为蝴蝶平添着动感。

大春林系列化妆品想女子所想，自问世以来迅速成为天津乃至三北地区美妆时尚的风向标。上等的大春林胭脂、香粉堪称女界名流、大家闺秀热衷的名牌奢侈品,是显示身份的重要标志之一。大春林产品也不独为上流所有,就连走街串巷的货郎所卖的大众香品也大多源出大春林,其产品妇孺皆宜。

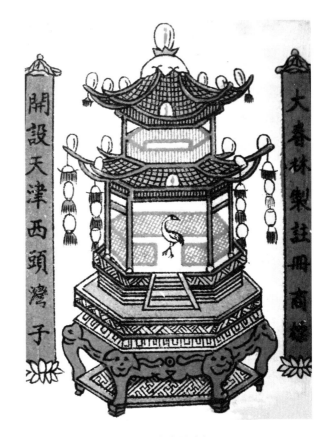

图1-3　大春林商标

顺便一说,旧时有些精明的香粉店主很能理解妇道人家,据知情的老辈人回忆,一些私生活用品在大春林等同行店中也有心照不宣的代售,光顾者多为殷实家庭的少奶奶。再有,目前暂未见史料表明大春林出产过火柴,可笔者在某收藏品网上见到过一盒"大春林出品"的老火柴。盒面喜庆,一对凤凰展翅环绕"双凤"两个大字,火柴盒侧面还印有立姿仙鹤商标,与"茶花公主"香粉盒上的商标相同。

11

帽庄品牌竞争

"头戴盛锡福,脚穿内联陞",这是昔年形容时尚穿戴的一句俗话。毋庸置疑,天津盛锡福帽庄是近现代北方帽业最具代表性的著名商号与品牌,在其拉动下,津城的同陞和、凤祥号等同样为人家喻户晓,驰誉八方。老字号的故事并不乏载,但一些"微视角"仍有挖掘和解读的空间,意趣也不少。

字号命名有寓意

盛锡福的创始人刘锡三,本名占恩,号锡三,山东掖县沙河镇人。他少年时念过书,后来辍学进入洋行跑业务,到农村收购制作草帽的草帽辫等。一来二去,刘锡三对草帽辫的品种、产地、质量有了充分了解,这为他日后自主创业打下了基础。辛亥革命时风开,1912 年,刘锡之三与友人合伙在天津估衣街归贾胡同口开办了一家帽子铺,名叫盛聚福。起初生意顺风顺水,岂料几年后合伙人之间产生矛盾,只好分道扬镳,盛聚福改由刘锡三独自经营。他又贷到款项,1917 年在繁华的法租界 21 号路(天增里)置下新店,更名盛锡福帽庄。盛锡福的取名与刘锡三的名字紧密相关,"盛"字喻生意兴隆,"锡"字取其名中字,"福"字源出刘锡三的乳名"来福",即福气满满,吉祥如意。

在刘锡三的不懈努力下,盛锡福帽子款式新颖、品质上乘,受到天津父老乡亲的欢迎。盛锡福羽翼丰满后迅速拓展市场,据老广告信息显示,盛锡福在法租界总号内还设有总批发处、进出口部,另在附近的天祥市场内设有第一分销处,在梨栈(今劝业场一带)开办了第二分销处,在北马路国货商场内开办了第三分销处。与此同时,盛锡福进军京城,1936年在西单北大街,1937年在前门大街、王府井大街,1938年在沙滩,接连开设了四家分号,轰动一时。盛锡福相继又在南京、上海、汉口、济南、青岛、烟台,及东北各大城市开办了近二十家分号,且让津产帽子远销南洋与欧美。

仅20世纪20年代中期以来的十年间,盛锡福就获得官方奖项十余个,成为名副其实的响当当的天津名牌。盛锡福帽子深得名流青睐,其匾额是直系军阀首领吴佩孚题写的,再有,民国大总统曹锟曾题"国货之光",河北省政府主席宋哲元曾题"名驰中外",北平银行公会会长邹泉荪曾题"冠冕吾华"等。

同陞和的创始人莫荫萱为天津宝坻人,清光绪三十年(1904)开办了一间制帽小作坊,以经营传统帽子、布鞋起家,因经营有方,资本不断累积,于1912年在估衣街购置门面,以前店后厂的方式经营。曾协助袁世凯操练北洋新军的军机大臣穆尔察·铁良为同陞和题写过"同心偕力功成和,升功冠戴财源多",书法名家杜宝桢等人也为其题写过匾额。另有一说,"同陞和"三字有"同心协力,和气生财"的意思。

笔者手边有一本20世纪30年代中期同陞和推出的广告宣传册,其中的卷首语表明了同陞和的开业时间,不同于常见的1902年说。至30年代中期,同陞和在京津已开五家店面:老店在估衣街中间,总店在法租界梨栈大街,支店在法租界光明电影院旁,新店在东马路北头路西,北平分店在王府井大街(1932年开业)。同陞和称:"时间的悠久,名声的远大,早被誉为同业之冠,这个良好成绩,虽然是由于我们努力的成功,亦实

图1-4 凤祥号广告折页

赖各界主顾爱护的所致。"

凤祥号于民国初年开业,创始人张誉闻,总号在估衣街万寿宫胡同。前清翰林、天津书法名家华世奎曾题"凤祥鞋帽店"颜体榜书。与于右任齐名的大书法家郑孝胥("北于南郑")曾题"凤祥号"三字。20世纪30年代中期,除总店外,凤祥号在东马路东门南路西开了支店,在法租界天增里开了第二支店。上述地址信息皆据故纸藏品所知,相比一般文史资料所云更详细确凿,对"定位"老字号不无价值。

短兵相接商标战

盛锡福的品牌曰"三帽",这"三"字缘何?"三"取自刘锡三名字的尾字。盛锡福商标图案中画着三顶帽子,分别是四平硬顶草帽、呢制礼

帽、皮制三块瓦帽,帽子图案空隙
另加"注册商标"字样。三顶帽子
以"品"形排列,象征商家与货品
的品格高、品质高。商标图中,三
顶帽子又被环形叶穗环围,寓意盛
锡福生意兴隆,财货丰收。叶穗上
方是"盛锡福"三个大字,这三个
字左右还标注着"天津""自制"字
样,按现今的话说,其自主创新研
发的特色非常突出。最后,双环细
线圆形再度将三帽、叶穗、字号等
要素合围,象征事业圆满。

图 1-5　盛锡福广告

同陞和商标图案的原始资料如今已难得一见,笔者收藏的一本 20 世
纪 30 年代的广告折页册中的印痕恰可拾遗补缺。据小册所示,同陞和的
注册商标为钟星牌,图案上画着一口大钟,其下有一颗五角星,"钟"与
"星"周围环绕着饱满的叶穗。

笔者见过一个凤祥号的老帽子包装盒,盒面印有"注册丹凤商标"。
明黄底色的商标四周装饰着牡丹花,正中有丹凤朝阳图,红日、祥云、叶穗
映衬着彩凤,寓意生机与活力。商标图的整体画工与印刷比较精细,哪怕
是凤毛麟角也处理得纤毫毕现。

我们不难发现,三家帽庄在商标中都采用了象征丰收富足的叶穗图
案,这种"不约而同"何不是一种同行竞争呢? 其实,三家帽庄的竞争远
不止这些。盛锡福开业晚于同陞和,但不甘人后,盛锡福创建之初就提出
口号,叫"哪儿有同陞和,哪儿就有盛锡福"。比如在天津,盛锡福专在同
陞和店面附近开店,为此不惜花费房价,这一点读者在上文的店址信息中
也不难管窥。类似的"巷战",和当今两家洋快餐汉堡店"短兵相接"开店
的路数如出一辙。

坊间传说,有一度同陞和曾在自家商标图中的大钟下又添上了凤凰图案,是大钟压着凤凰的样子。事情原委是,在某路段上,同陞和、凤祥号店面近在咫尺,双方免不了唇枪舌剑,比如同陞和的一种毡帽卖一元二角大洋,而同款同质的在凤祥号只卖一元,如此这般,同陞和岂能善罢甘休?只得继续降价……乃至双方在"钟"与"凤"等商标元素上频频搞小动作,一会儿画凤凰脚下踩着大钟,一会儿又是大钟压着凤凰,彼此互不相让。

好酒也怕巷子深

"天津有一帽,谁戴谁有(脸)面儿",这是夸盛锡福的老俗话。盛锡福帽子卖得好,与其善做广告、大做广告不能不说没有重要关系。盛锡福曾出过一纸"霸气"广告,画面中心位置是刘锡三身着西装的全身照片,他胸前戴着多种徽章、奖牌,形象高大魁梧;他的右边写着"本庄工厂所制各种男女草帽物美样新,及皮、缎、布、毡、绒各帽,并各种草帽辫(原文'编'字),为提倡国货,定价俱甚公道,如蒙各处贵号诸君通信定办,无任欢迎";左边又列出盛锡福荣获的六种中外奖项,颇显豪气。

民国时期明星美女图广告大为流行,约 1936 年,盛锡福也赶时髦,他们在影星胡蝶《执花图》玉照彩色纸画上加印广告,上端印红色大字号,下端印各总号和分号的名称、地址。盛锡福开业 25 周年之际,特印宣传册一本,封面上"发展中华国货,努力本国工业"的口号尤其醒目,其拳拳之心可见一斑。

天津帽业几家大商户在宣传方面的竞争此消彼长。同陞和在 20 世纪 30 年代也连续推出宣传册,其中之一内容为:"为丈夫者,在家则张仁义礼乐,辅天子以扶世导俗",进而说"一切的宗旨仍是本着原有的精神进行,对于工料的求实,样子的维新,价钱的低廉,处处全以合乎顾主的心理为前提"。同陞和还曾推出过大书法家潘龄皋的《弟子规》折页本,一面是字帖,一面是鞋帽图样。不仅如此,同陞和又聘请高手设计海报,派员到京奉、津浦、京绥铁路沿线张贴,以扩大影响。

凤祥号的宣传册名谓《临池清赏》,首期问世的时间在 1935 年中秋前后。小册印行后在天津引起一定反响,"刊行后不旬日罄数万本,士林交相赞许",故紧随推出第二期。老板张誉闻是位儒商,他不仅主持编辑《临池清赏》,亲自绘制封面图画并撰写序言。第二期的封面画题为《凤祥染翰》,画中的学童在案前专心临帖,帖上书有"后生可畏"的字样,寓意深刻。第二期中张誉闻发文,以简洁的文字评析了历代书法艺术的神采,阐明了尊古临池的意义所在,小楷笔迹不乏功力。《临池清赏》第四期中又可见张誉闻进一步的观点:"夫学问一道,贵乎多见多闻,如浅识短见不足论学矣。誉闻累集临池清赏,蒙各界师友赐教,是以抛砖引玉,所获良多。今复整编搜集颇丰,庶于青年学友不无小补,是所厚望焉。"

系列《临池清赏》正背三十面不等,展开达两米左右,其中可见柳公权的《玄秘塔碑》、颜真卿的《庚子山枯树赋》、欧阳询的《温恭公碑》,以及《张迁碑》等墨宝。

有意思的是,民国时期的同陞和广告还

图 1-6 凤祥号的帽盒子

成为现今的一道课业习题(选择题),请学生分析作答。图为同陞和推销自制的时尚裘皮帽子的广告,图中一对摩登男女皆戴着时髦新帽。题目:"对此理解正确的是?"正解答案:"一、该帽一定程度上抵制了洋帽的输入;二、中国社会生活受到西方文明的冲击。"

从"卫药"说到隆顺榕

创始于清道光十三年(1833)的隆顺榕成记药材庄,坐落在老天津商业文化的重要的发祥地北大关针市街,隆顺榕素以药材地道、诚信经营享誉八方,是津派中医药文化的代表之一。"卫药"的岁月往事还要从头说起。

天津东门里润善堂中药庄自清乾隆年间开办。从清代中叶,卫药兴起、兴盛,行业竞争日渐激烈,市面上的伪药庸医也不难所见。当时,一些药铺为扩大宣传,往往会在药包上覆一纸"仿单"。老仿单类似介绍药品药性、功效、用法的一种说明书,多为木版印刷。后来,随着印刷工艺进步,仿单的广告宣传作用日趋凸显。

自古欺世盗名者不乏其人,无奈的商家将一些提示信息移入一纸纸仿单,以晓知顾客,于是,仿单又兼具了信誉保证书或防伪标签的性质,成为取信于民的形式。

这里先要说到早年娘娘宫内的春永堂,该号的光明眼药可谓一宝。春永堂眼药见效快、适用范围广,赢得了极佳的口碑,在天津可谓家喻户晓。春永堂仿单上有言:"祖传光明眼药,主治男女老幼远年近日气朦火朦,胬肉攀睛,迎风流泪,云翳遮睛等七十二症,药到病除,屡试屡验,各省驰名。"光明眼药的生意红红火火,但挡不住仿冒伪劣品毁誉坑人,为此,春永堂在仿单上广而告之:"赐顾诸君,请认明'乾隆金钱'商标为记。"同

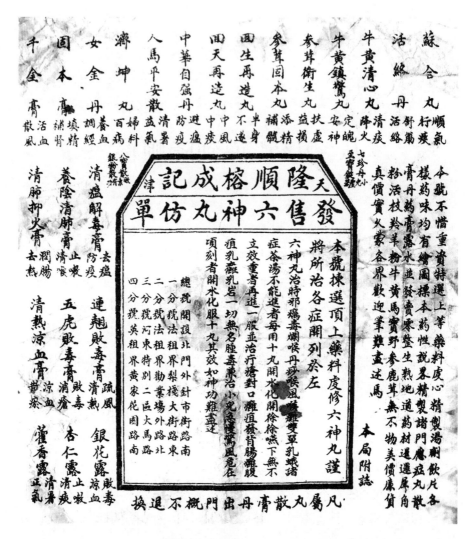

图 1-7　隆顺榕成记药材庄老仿单上的明晰信息

时，春永堂在仿单上再次标明："注意屋内挂金钱商标便是真。"关联相互，春永堂特在仿单广告中印上自家的商标图案，强化意识与认知。春永堂店内外所悬的标识、招幌与仿单所印商标图案完全一致，广告意味更加鲜明、有效。

　　同样有鉴于一些价高质次的中药材充斥市场，有损患者利益，一直从事绸布生意的天津"八大家"之一卞家，最初主要是为了家族用药方便，在道光年间,卞家抽出部分资金,开设了隆顺榕药局,店名是在本家隆顺绸布庄的基础上加上"榕"字而形成的。

到了1913年,卞家的产业拆分各支,其中的药庄分给了早年留学海外专修金融学、当时在南开中学任教的卞俶成。1917年,卞俶成洞见天津中药市场的潜力,决定亲自经营。卞俶成出资5万银元,在针市街修建了三层楼,并扩大了隆顺榕的经营规模。隆顺榕秉承拣选地道药材、童叟无欺的理念,经营有道,生意大兴。隆顺榕的药材批发业务也红红火火,当时,天津的药材商大多是到河北安国一带大宗采购,而隆顺榕也发展到那里驻庄销售,如此形成批发零售、跨地销售的互通有无模式,进而,隆顺榕在安国这一北方中药材重镇中占有了一定优势。

清末,隆顺榕精制的妇产科良药玉液金丹获各界赞誉,该药在仿单广告上列举了主治的五十多种病症,同时宣称:一切疑难之症无不应手。仿单上还特别说明了各种药引,以便利患者服药。如月经迟期症,需用延胡索煎成的汤,然后来送服玉液金丹。

笔者收藏有隆顺榕发售六神丸的宣纸仿单,它大致发行于20世纪30年代中期。仿单以六神丸为主要宣传内容,同时开列了近三十种隆顺榕其他良药,如活络丹、牛黄清心丸、回天再造丸、中华自强丹、五虎败毒膏、小儿七珍丹等。隆顺榕在仿单上标榜:无不药效如神,功难尽述。据仿单信息显示,当时除天津北门外针市街总号之外,隆顺榕当时在英、法租界的分号还有四家。

中华人民共和国成立后,第一个中药片剂、第一个中药酊剂、第一个中药静脉注射针剂、第一个中药颗粒剂等,都是在隆顺榕诞生的,这无愧于几代人的努力。

劝业场的崛起与更名

　　天津是中国北方的经济中心。提起劝业商场，许多读者或许并不陌生，她早已成为这座城市近百年商业文明的代表之一。在老天津，劝业场素有"小巴黎"之称，外地的朋友常说："到天津若不逛逛劝业场，就等于白下'卫'了。"

　　辛亥革命以后，受时局影响，原在城厢一带的殷实商户纷纷向日、法租界迁移，旭街（今和平路）、梨栈（今劝业场一带）、葛公使路（今滨江道）等街区的楼宇、名店相继崛起，很快成为新的商业中心区。

　　20世纪20年代初，井陉煤矿买办高星桥预见到梨栈一带不日的繁华，即在此置地转租。几年后，高星桥再投巨资并招股，于1928年12月又建成九层大楼。高星桥采纳逊清庆亲王载振之意，将大楼定名为"劝业商场"，同时请得书法名家华世奎题写匾额。"劝业商场"包含着"劝吾胞舆，业精于勤，商务发达，场益增新"四言联句的建场精神，为世人称道。开业前，劝业场在天津各大媒体不断刊发广告，"华北第一高大商场""包罗万有、商业中枢、交通便利、建造安全"等宣传词句配以内外照片，着实引人入胜。如此，劝业场开幕之盛是可以想见的。据载，当日即有两万多人前来观光购物。

　　天津劝业场由著名的法国永和营造公司设计监造，用洋灰钢筋筑成，这在当时是足以称道的。商场集购物休闲于一体，分营业与娱乐两部分。

在营业铺户与摊档,举凡日用百货、洋广杂货、绸缎布匹、钟表照材、金银首饰、文房四宝、古玩玉器等皆为齐备,满目琳琅。娱乐包括球房、饭店、茶社、电影、戏剧、舞场、杂耍等,五彩霓虹光怪陆离。劝业场的"八大天"赫赫有名,即天华景戏院、天纬台球社、天纬地球社、天宫影院、天露茶社、天会轩(剧场)、天乐戏院和天外天(户外屋顶休闲花园)。

"八大天"的档次与规模在整个华北也是首屈一指的,国内的、西洋的许多新奇与时尚萃集于此,令中外宾客流连忘返。天津戏迷对于京剧如醉如痴,天华景戏院的舞台装饰新颖,座位舒适,白天演出折子戏,晚上大演连台本戏《西游记》等,名角纷纭,轰动津门。另外,劝业场内的古玩字画经营在当年几乎垄断了天津的行市,末代皇帝溥仪、书画大师张大千、藏书家周叔弢等曾在这里留下不少趣闻轶事。

"八大天"每日盈门的宾客同时为劝业场的商业经营带来了可观的收益,购物与文化休闲的互动效应在北方商界传为佳话,并有力地促进了劝业场的繁荣。劝业场的崛起标志着天津近现代商业格局的形成。同一时期,劝业场一带的天祥商场、基泰大楼、泰康商场、浙江兴业银行、惠中饭店、交通旅馆等处一样游人如织,日销万金,此番盛景可与上海的南京路并峙,天津也由此

图 1-8　劝业场在"文革"时期更名为人民商场

加重了她作为北方经济中心的砝码。"劝业场"作为店名的单纯概念也随之升华为广义的商业区域的代名词。

中华人民共和国成立后,天津劝业场成为我国大型现代商场之一。然而,劝业场在"文革"时期也难抵洪流,曾一度更名为人民商场。

"文革"时期,大江南北掀起了一股"破旧立新、兴无灭资"的改名风。人要改名,单位、街道、学校、商店、公社等也不例外,于是,向东、立新、志红、永革、卫东等字眼层出不穷。1968年夏秋之际,红卫兵们在天津的许多街道上张贴标语和大字报。商业中心滨江道、劝业场一带更是旗帜飘扬,鞭炮齐鸣,悬挂了近四十年的"天津劝业场"金底墨字大匾被摘下,门前换上了"人民商场"的新字号。

天津其他的大型商场也难逃一劫,比如中原公司改名为工农兵商场,河西商场改名为红卫兵商场,就连这几家商场所在的和平区、河西区也被改称战斗区、红旗区了。

值得庆幸的是,当时遭到破坏的只是劝业场门前嵌在墙体上的小块匾额,一直悬挂在劝业场内迎门处的华世奎书写的那块木制大匾早已被爱场如家的几个劝业场职工在混乱中不动声色地悄悄运送到库房中妥善保管起来,从而幸免于难。

改革开放的春风让"天津劝业场"老匾重放异彩,已享"中华历代名匾"之称的这块金字招牌依旧吸引着前来观光购物的宾客,它好像活着的历史,诉说着沧桑往事。

造胰公司的老广告

　　笔者收藏有一纸民国初年天津造胰公司的广告,品相上佳,图文并茂。胰子乃肥皂的旧称。关于肥皂、胭脂、香粉等,我国古法早已有之,但高档货制作工艺复杂,价格昂贵,不是普通人能随便享用的,可便宜的又因制法简陋导致品质粗劣,重要的是皆不能机械化批量生产,直到清末仍有赖进口。

　　天津造胰公司是北洋新政时期的著名企业。清光绪二十六年(1900)八国联军入侵中国后,天津实业家宋则久(1867—1956)面对民族存亡危机与洋货充斥的局面,深感振兴实业、提倡国货的紧迫性,他郑重声明:"若打算救国,必先救穷;若打算救穷,非提倡实业不可;若打算提倡实业,非维持国货不可。"光绪二十九年(1903)初,鉴于外洋肥皂充斥市场,宋则久开始筹备创办造胰工厂,以开辟利源,一展宏图。筹备地点初设红桥鱼市黄姑庵东,后来迁至闸口元会庵。

　　宋则久出生在天津的一个钱庄商人家庭,很早便显露出经商才干。光绪三十年(1904),袁世凯的重臣、在天津主持北洋实业的周学熙聘请宋则久担任天津考工厂(近代中国第一座商业博物馆)议绅、考工审查员,此后不久,宋则久又任天津工商研究总会会长。这一时期,他还创办了北洋火柴公司、天津北洋保险公司等。

　　在造胰公司起步阶段,宋则久得到著名教育家严修的大力支持,严修

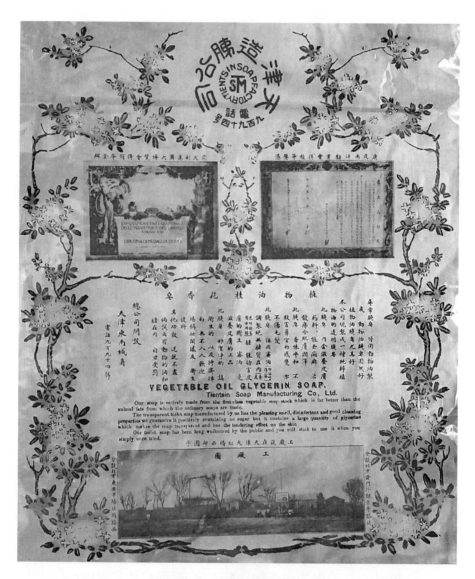

图 1-9　天津造胰公司广告

要求家人无分长幼,人人入股。宋则久与严修次子严智怡(1882—1935)
等友人募集到 5000 元(大洋)总股本(每股 50 元),开始手工制造肥皂、
蜡烛等。光绪二十九年秋,造胰公司正式向天津府署、县署两级机关申请
注册,首任董事为宋则久、张星五(日本东京大学工科毕业)。到了光绪

三十年,公司采用机制技术生产的新产品试验成功。光绪三十一年(1905)在工商部正式注册后,天津造胰公司成立。

严智怡对公司发展起到了至关重要的作用。严智怡曾留学日本,学习应用化学,归国后即来此担任厂长、工程师,亲自操作主持制造,精益求精。作为独当一面的董事,他在后来又负责招股,继续添置机器设备,扩大生产与营业,直至宣统元年(1909)该公司新旧股本已达50000元,羽翼丰满。至辛亥革命前夕,从资本额来看,天津造胰公司已位居全市第三,宋则久其人也赢得了实业界的广泛好评。

为扩大影响、利于推销,天津造胰公司印行了这纸广告。广告上标注,造胰公司总部(营业部)在老城东南角,电话号码为"九百九十四号"。笔者曾持续关注过电话号码与近代城市发展的联系,曾与友人撰文《电话号码——天津城市发展的注脚》,依此电话号码推断,此广告大致印行于1913年前后。

广告画面采用红绿双色印刷,画面周边布满枝叶花卉图案,烘托清雅氛围的同时,将人们的视线引向顶端。顶端中央是天津造胰公司的圆形标识,公司名称用隶书变体美术字书写,既传统又不失现代感。环形公司名内是以"STM"三个字母组成的图样(当时产品注册"天"字商标)。广告下方是造胰公司厂景照,约拍摄于冬季。现在看来,该原始资料殊为难得。图示工厂地点为"天津大红桥西邵园子"。天津造胰公司早早就将目光投向皇城北京,在那里开设了分厂分销处,北京地区销售的肥皂全部由北京分厂供给。广告上标注的地址为:其一在前门外观音寺路北,其二在东安市场北头路西。

广告中部的文字详细介绍了新品,简单介绍了普通动物油肥皂过后,特别介绍了一些新特药皂、香皂,如主打产品植物油桂花皂。它是一种纯粹植物油的透明皂,文称:"此胰皂系用蜜油(即俗呼洋蜜)调制,绝无糖质在内(普通胰皂皆系用糖)。糖,能妨害皮肤的卫生,蜜油是滋养皮肤的上品。"天津造胰公司在广告中承诺:"倘试出有动物的油和糖在内,自甘受罚。"说完过人之处，广告接续表述该胰皂香味平和，其中含有药料，能祛除瘢癣，且不伤鼻子、眼睛、毛发等。什么顾客适用呢？广告作答："好洁净的，讲卫生的，以及持斋律的，无不人人欢迎。"最后，厂商用八个字来标榜——妆阁腻友，卫生健将。

天津造胰公司以先进技术制造，产品行销各地，驰誉四海，屡获殊荣。其广告画中的两大红色证书令人瞩目，分别是"庚戌南洋劝业会得超等奖凭"和"意大利万国大博览会得头等金牌"，第一个奖项是 1910 年获得的，第二个奖项是 1911 年获得的。另外，其产品还获得过（美国）巴拿马太平洋万国博览会金奖、中华国货展览会优等奖等，累计二十多项。值得一提的是，孙中山曾为公司题写过"工精货美"的匾额。

天津造胰公司以及上海裕茂皂厂（1907 年开办）是中国较早的两家机器生产肥皂厂，此后，南京、杭州、重庆、沈阳、大连、武汉等地也相继设厂或手工加工作坊，但规模较小。天津造胰公司堪称中国肥皂制造业的先驱。

1937 年天津沦陷，日寇统治下日货充斥，天津造胰公司的产品销路不畅，经营惨淡。日军投降后，市场物价波动大，公司损失也较为惨重。中华人民共和国成立后，公司经营逐渐正常，并从上海引进了部分新设备，产量大增，直至 20 世纪 50 年代公私合营，天津造胰公司走上了社会主义道路。

德华馨好货叫人挤满门

民国时期的《天津地理买卖杂字》中有句耳熟能详的夸赞："要穿鞋，日升斋，德华馨的都认买。"笔者收藏有一纸德华馨鞋店的老广告，商家的经营范围、产品特色尽显其间，就连量鞋码的尺子也被印到了广告上，实乃方便顾客之举措。解读广告可知，至20世纪30年代末，德华馨除总号之外，在津已开设多家分店，生意之红火可见一斑。缘何如此？话还要从头说起。

德华馨的手工布鞋始创于清光绪二十四年（1898）前后，主家赵梓轩一直为选择一处合适的经营铺面而费心思。老买卖人做生意讲究天时、地利、人和，符合如此条件的必定是寸土寸金的宝地。老城外东北角大胡同一带是天津商业的发祥地，四通八达，人流熙攘，是商人们做梦都想扎根的地段。赵梓轩也始终看好这里。他托朋友、找路子，千方百计朝这地方奔。功夫不负有心人，赵梓轩终于如愿以偿地弄到了东北角大胡同中三间坐东朝西的宽大门面房。

有了"地利"，赵梓轩一鼓作气，拿出巨额资本开始起步。精明能干的他不甘人后，一心想打造出豪华气派的德华馨，店里店外的装饰陈设无一不精，如此一来，没等到开业就把前期资本用尽了。赵梓轩在一筹莫展之际得到了好友王晓庭、赵品三（袜子胡同集升斋鞋店股东）的帮助，他们又借给他几千元以解燃眉之急。

1912年,德华馨隆重开业。赵梓轩对经理的人选可谓煞费苦心,他不用"三爷",请来徐振东、王璧臣、苏秋圃、刘子清等制鞋行家来店任职。他们同心协力,生意顺畅起步。另外,赵梓轩也深深懂得"欲取先予"的道理,他格外看重鞋子的质量和款式,对选料、检验、服务等方面一丝不苟。比如选料,赵梓轩要求坚决不用次料,专料专用,鞋面与鞋口的料子绝不能互用取巧,哪怕有一点瑕疵也绝不将就。德华馨还找来同行的好鞋进行剖析比较,仔细查找各自的优劣。他们始终用新白布做鞋底,并把它剖开放到橱窗里展示,赢得了顾客的信赖。再有,德华馨齐全的尺码与公道的价格也让人满意,所以鞋店开张伊始便顾客盈门。

图1-10 德华馨的老包装纸

当时,每双鞋一元左右,德华馨日营业额竟达三四百元,盛况可见一斑。随着德华馨声名鹊起,前清的遗老遗少以及军阀官僚、大户人家也常常来德华馨买鞋,鞋店有时还根据他们的要求定做加工。

顺便一说,在河北区六马路西南原有一条胡同叫鞋作坊胡同,胡同的得名源于民国初年有个名叫崔德明的鞋匠在此先后建了几家作坊,后来为德华馨加工鞋底,声誉颇佳,鞋作坊胡同的名字也越叫越响了。

20世纪20年代中期,法租界梨栈、劝业场一带已成为天津新兴的商业中心,原在老城厢的商家纷纷向这里迁移,德华馨也乘势将分号开到了天祥市场楼下。天祥店开业时,赵梓轩请来文娱明星捧场,明星们也纷纷定做布鞋,引来佳话。尽管周围大小鞋店林立,但德华馨恪守质量与服务,生意依旧火爆,就连美华鑫、洪义和、联兴斋、集升斋、日升斋等老号鞋店也望尘莫及。德华馨雄心勃勃,位于劝业场正门左侧的二分店又在1929年开业,同时增加了男女皮鞋的生产。1932年,德华馨审时度势,将天祥一分店改为总店,原来的大胡同总店改为一分店。

1937年天津沦陷前夕,德华馨已成为天津鞋业产销的佼佼者,备受瞩目。但时隔不久,日军对租界的封锁影响了这一带的商业经营,德华馨同样遭受重创。为挽回损失,德华馨在海大道大营门外路东(今杭州道口)再度开设三分店,生意之红火真可谓"货叫人挤满门"。

德华馨鞋店于1956年公私合营后迁到河北区地纬路6号,成为德华馨鞋厂。

有个名牌叫"金鸡"

历史上的"冀州帮"商人颇具名气。出生于 1917 年的傅秀山 14 岁那年从河北冀州(今属衡水地区)老家来到天津。经过先前在津谋生的哥哥介绍,他来到协和毛巾厂学徒。傅秀山老实本分,头脑机灵,掌柜的让他上街去给各个百货店送货。在此过程中他积累了一些买卖行的经验,并结交了不少老乡和同行。

1937 年,天津生生银号的副经理杨桐岗和成德厚百货店的经理李清范等,联合傅秀山一同创立了新成毛巾厂,生产雪牌毛巾。但天有不测风云,随着七七事变的爆发,天津沦陷了,在日军的管制下,新成毛巾厂的毛巾严重滞销。

当时,国内使用的鞋油皆为舶来品。1941 年太平洋战争爆发后,国内进口鞋油一度断货,得知消息的傅秀山意识到这是一个商机,于是在 1941 年下半年果断与杨桐岗、李清范等人开始研制鞋油。几个人没有化工专业基础,又没有资料和设备,如何起步呢? 人才与知识的问题摆在了他们面前。他们几经打听,结识了南开中学化学老师余瑞征。余老师是齐鲁大学化工系的高材生,他经过研究分析,向傅秀山推荐了亮度高、含油量大的四川白蜡等关键原材料。经过反复实验,1942 年末,鞋油终于研制成功。由于鞋油使用国内原材料,因此成本大大降低,而且鞋油易涂抹、颜色黑,整体效果绝不逊于进口产品。

怀有强烈事业心的傅秀山在思考品牌时想到了报晓的金鸡,它久鸣不衰,可以象征产品长盛不衰,傅秀山于是将鞋油定名为金鸡牌。

傅秀山非常机敏,在金鸡牌鞋油上市之前,他们先是在天津、北京等城市的大街上开展了免费擦鞋油的活动,希望市民一点点认识这一国货品牌,扩大影响。义务擦鞋果真收到了宣传效果。金鸡牌鞋油于 1943 年初正式上市销售,傅秀山凭借他给别人推销毛巾积累下的经验和人脉,使鞋油很快进入天津等地大小百货店的柜台,从而结束了洋品牌鞋油垄断市场的历史。此后,金鸡牌鞋油迅速进军"三北"市场,在北京、沈阳、哈尔滨等地设立办事处,进而逐渐打开全国鞋油市场。工厂的规模从最初的 20 多名工人,增加到 100 多人。

1945 年抗日战争胜利后,忙于内战的国民党政府对美国货免税,对民族工业品增税,相形之下的美国品牌鞋油以低廉的价格冲进天津市场,对金鸡牌鞋油产生了不小的影响。抱着国货救国思想的傅秀山心急如焚,无奈中的他只好将鞋油降价出售,还举行买一赠一、有奖销售等促销活动。金鸡牌鞋油在苦苦支撑着。当时的鞋油都是铁盒的,有 25 克、40 克两种规格,售价也只有一两毛钱。

1949 年 1 月天津解放

图 1-11 醒目的金鸡牌鞋油广告

后,金鸡牌鞋油走出困境,1955 年率先进行公私合营,傅秀山担任工厂副厂长。通畅的销售渠道让金鸡牌鞋油走向全国,在很长一段时间内垄断着北方市场,并出口到东南亚、欧洲等地,成为驰名海内外的天津名牌。

茶庄名店泉祥鸿

笔者收藏有几张天津泉祥鸿记茶栈(茶庄)的仿单广告。泉祥鸿记茶庄可谓大有来头,在老天津敢与名号正兴德茶庄竞争市场的就是它。泉祥茶庄创始于19世纪初叶,是山东章丘旧军村孟家的买卖。谈及孟家,一说瑞蚨祥绸缎庄、谦祥益绸缎庄,读者就晓得其实力,堪称商界执牛耳者。孟家有十大堂号,如矜恕堂、三恕堂、齐恕堂、荣恕堂、进修堂、乐会堂、承训堂、世泽堂、承恩堂、学恕堂,且此大堂号下还有不少小堂号,资本雄厚。泉祥茶庄、瑞蚨祥绸缎庄等是矜恕堂(代表资东孟雒川)的买卖,鸿祥茶庄、谦祥益绸缎庄、隆祥绸缎庄等由进修堂(代表资东孟养轩)经营。

19世纪中期及至清末,泉祥茶庄生意日盛,相继在山东济南、周村、青岛、烟台、天津、北平、福州、杭州、苏州等各大商埠开设了十几家分号,较早地实现了连锁经营模式。如老北京的泉祥东鸿记茶庄、泉祥西鸿记茶庄(经营上与瑞蚨祥统一核算),济南的泉祥茶庄、泉祥鸿记东号、泉祥鸿记西号、鸿记茶栈(后改称泉祥鸿记茶庄一支店),青岛的泉祥茶庄,烟台的鸿记茶栈,周村的泉祥茶庄等。1993年版的《山东文史集粹·工商经济卷》中谈到北京泉祥的生意时称:"清末民初两店茶叶销量占北京市总销量的百分之七十。"

天津是繁华熙攘的水陆码头,是北方茶叶贸易集散中心,市场空间

图 1-12　泉祥鸿茶庄广告凸显雅致

大,辐射范围广,旧军孟家自不会小觑这片银钱窝子。天津泉祥鸿记茶庄的总号位于北门外锅店街路南,后来的分号设在英租界二号路(即宝士徒道,今营口道)中间,生意无不红火。

　　天津泉祥鸿讲求茶叶自产、自采、自销,以"货色正路、诚实无欺、香味醇美、与众不同"著称。泉祥鸿的货源来自南方知名产区,商号分别在福州、苏州、杭州、徽州、屯溪、黄山、祁门、罗源、六安、上海等地自设茶厂,就地采购,自行加工,仅以福建南台厂为例,其管理人员有 15 人,雇佣技工 120 多人。应季采下的新茶要按种类、按等级进厂加工,比如用茉莉窨花熏香,每种茶要认真熏蒸三五遍,使茉莉清香渗入茶叶里,使其不易脱香走味,如此可谓费时费工,不惜成本,是小本儿买卖家难以做到的。成品茶包装好运到商号,需专人验收,若发现潮湿、发霉必须剔出。花茶讲究拼配,茶庄每配一种茶时,一般会在货房贴出配置单,然后按规矩将不同品种的茶叶混合调配。配好后,茶沏杯中,由掌柜的或资深定级师来品尝,从而分出档次。所有环节严格遵循既定规章,绝不可以次充好,坑害顾客,凸显诚信本色。

20世纪30年代,天津泉祥鸿记茶庄像同行大户一样,也曾不断推出品种与价格单。笔者所见的一张品种与价格单上面列举明确清晰。当时,泉祥鸿记经营的品种大类有茉莉香茶小叶、茉莉香茶大叶、清素嫩茶、珠兰花香茶、红茶、杭白菊、兰莉香茶末等,每大类中又细分出十几种乃至三十余种茶,档次、价格不一,适合不同层面的消费人群。如花茶最贵的每斤需十六元(大洋),最便宜的仅八角左右。茶末价高的为二元四角,价低的仅四角上下。销量较多的是质优价廉的毛峰、龙井、茉莉、普洱、碧螺春等。

俗话说:货卖一张皮。天津泉祥鸿记茶庄特别注重茶叶的包装,故曾大量推出各色茶叶罐。茶罐外观或以传统图画为题材,或以时尚摩登为内容,兼顾中西,雅俗共赏,其广告宣传效果事半功倍。笔者见过一个海蓝色方形茶罐,外图是津城知名商业美术家陈其华绘制的。茶罐一面画着旗袍美女,她似闲于居室,桌面上放着一壶茶,怡然自得的情状。一旁大字广告词云:"红绿花茶,全球驰名。"茶罐另一面画着远山、宝塔、绿树构织的风景,圆光内写告白:"夫茶之为物得天地之灵气,挹山川之精华,故能却病而益寿。敝号业此有年,素深研究,可谓货精味美,尤宜卫生,素蒙各界赞赏者也。"

这里还要介绍一个小号腰圆形茶罐,它的正面是洋楼夜景图,灯火闪烁,好似大上海的繁华。另一面可见两个泳装美妇正在海边消闲品茶,样子娇柔可人,足以勾住茶客目光。此茶罐顶盖上书"玉液云英"四个大字,茶香茶韵之高格可见一斑。

笔者收藏的天津泉祥鸿记茶庄的仿单广告颇具清雅之意,画面中心是南国园林景致,凉亭立于假山之上,假山四面环水,湖面上浮着荷莲,周围也是繁茂的草木。有意思的是,如此画面周边装饰却是现代西式几何图案,线条、色块交织环衬主图,真乃中西合璧的构思。通过故纸上的地址信息来研究推断,该广告大致出品应用于 1943 年。1943 年 3 月,日伪当局将天津日租界、英租界、法租界改为兴亚一区、兴亚二区、兴亚三区。1944 年 4 月,又将上述三个区连同原有的十二个区一并重新划分为八个区,"兴亚"废止。重新划分行政区后,泉祥鸿记支店所在的营口道已归第十区所辖,因此,这纸老广告中的地址文字上也被临时加印了一条黑色的修改线,同时标注新址。

稻香村在天津

稻香村是南味食品驻庄北方的代表一派，百年来深得良好口碑。关于"稻香村"一名的由来众说纷纭，莫衷一是。有人说源于古诗，如"一畦春韭熟，十里稻花香"，"稻花香里说丰年，听取蛙声一片"等。另有人说，"稻香村"源于八仙神话故事。

清光绪二十一年（1895），南京人郭玉生在北京前门外观音寺附近（现大栅栏）开办了稻香村，前店后厂自产自销，经营糖果、糕点、肉制品及山珍海味等各种南味食品，顾客满门。京津两地近在咫尺，老天津闹市也开办了多家稻香村，据 2009 年公布的"首批津门老字号公示表"显示："天津市稻香村食品有限公司（稻香村森记）创始于 1908 年"，1908 年即光绪三十四年。老年间，明记、森记、全记、源记、合记、福记、信记、祥记、钟记、桐记、裕记、林记、朋记等各家全都仰仗"稻香村"这块金字招牌营生，竞争十分激烈。同行竞争也有益处，八仙过海，各显其能，只有创制出或采购来超人一等的吃食，老百姓才会买账，无形中也促进了天津南味食品、南味糕点业的兴盛。

位于福煦将军路（今滨江道）上的森记稻香村的南味食品货真价实，江浙名产金华火腿、南京板鸭、广东腊肉，以及江南的面筋球、年糕等皆有所受售，生意一直红红火火。有些特色食品则由南国师傅现做现卖，叉烧肉、熏鱼、熏鱼头、糖醋银鱼、白斩鸡等，无不新鲜正宗。森记自制的小腊

39

图1-13　稻香村的广告

肠最受欢迎,它选料考究,用鸡肠的肠衣灌肠,制作精细,外观小巧,枣红色的腊肠油亮诱人,备受欢迎。端午节来临之时,森记粽子的馅料同样丰富,别有风味,如无核蜜枣馅的,澄沙馅的,肉粽子有叉烧肉的、红烧肉的、腊肉的,口感甜咸,竹叶清香,肥而不腻。

林记稻香村也开设在福煦将军路上。林记开业晚于森记,但不乏自家特色。除了一般的南味食品外,林记自制有多种口味的糖果,如薄荷糖、玫瑰糖、松子糖、芝麻南糖、芝麻卷、芝麻条等。南味的素鸡、素火腿、素什锦等也拥有很多回头客。值得一提的是林记的素什锦,主料精选面筋、黄花菜、果仁、黑木耳、南荠、冬笋、香菇等,不惜成本,再用上好的香油、味精、盐、酱油、白糖等精心烹饪,口味出众。

传说林记最初取名的意思是要在"森"字头上动刀,削掉他的一个"木"。缘此,同一品牌下的两家生意激烈地竞争起来,在价格、质量、进货渠道、对外宣传、员工管理等方面无不针锋相对。比如有一年卖月饼,森记的一种卖2角5分钱的半斤重的月饼销路很好,林记派人买回几个进行剖析,然后迅速推出一批售价2角的4两重的月饼,一下子吸引了不少顾客。森记岂能罢休,同样买来研究,并将林记月饼存在的问题公开告诉顾客。类似的恩恩怨怨旷日持久,直到20世纪50年代公私合营后才算结束。

同处福煦将军路的另有开业于1919年的明记稻香村。明记稻香村也是天津稻香村系列商号中的大户之一。每天黎明时分,明记的几十位采购员就各奔东西,采办来鲜活的鸡鸭鱼肉,在中午之前,各类美食便热热乎乎地上市了,绝对新鲜地道。店中不仅有新出炉的南果细点,当年知名的上海辣酱油、红烧鱼,浙江的油焖笋、火腿、腊肉等俏货也不断档。另外,美国的葡萄干、咖啡、水果罐头,英国的奶粉、巧克力,日本的鲤鱼罐头、沙丁鱼罐头等也不断档。

五加皮与玫瑰露

　　现代人饮酒追求健康、消闲,口味不断丰富。其实,这一追求在北国饮馔与酒文化的传统中早有体现。20 世纪 30 年代香港永利威酒行天津分行的海报是笔者老广告藏品的佳作之一。画面中,半只卤鸡一壶酒,二位仁君酒逢知己,对影已似成三人。是何美酒令人这般神醉?五加皮,玫瑰露。

　　五加皮是五加科落叶小灌木细柱五加以及无梗五加干燥的根皮,又叫白刺、目骨、追风使等,主产于湖北、河南、安徽、四川等地,其中以湖北的"南五加皮"品质最优。作为一种中药,五加皮具有祛风湿、补肝肾、强筋骨的功效,《本草纲目》中就有相关的记载。用五加皮煎汤、入药、浸酒皆宜。五加皮酒素来受人欢迎,具有"色如榴花重,香兼芝兰浓,甘醇醉李白"的美誉。

　　酿酒业在天津有着悠久的历史。明代诗言:"天妃庙对直沽开,津鼓连船柳下催。酾酒未终舟子报,柁楼黄蝶早飞来。"诗的大意为,在天妃庙对面的大直沽,柳树下的河边挤满了漕船,还没等到新酒滤(酿)好就有黄色蝴蝶飞来,船家认为这是神仙闻到酒香后来吃酒。由此可见,大直沽酿酒业至迟在明代已经出现并发展,这与天津设卫筑城、直沽村落的始建时间也是相吻合的。清康熙末年海禁解除以后,天津与营口、牛庄的海上贸易大增,以高粱为龙头的东北优质粮食源源不断地进入天津,加之大直沽一带良好的自然环境,烧锅酿酒业便在此有了更加兴盛的发展。鼎盛时期的天津烧锅达七十余家,其中大直沽有名号的烧锅就占到了三分之二。

大直沽酒以高粱烧酒著称,清嘉庆年间诗人崔旭称:"名酒同称大直

图 1-14　早年出口的五加皮酒酒标

沽,香如琥珀白如酥。"清末的烧锅作坊以义聚永、义丰永、同聚永、广聚永等尤其闻名。此外,在北来的闽粤客商的建议下,针对南洋华侨抵御风湿的需要,大直沽酒坊又创制出著名的五加皮酒、玫瑰露酒、状元红酒等,出口量巨大。

据老辈酿酒专家介绍,五加皮酒选用五加皮等近二十味验方中药,在上好的高粱酒中浸泡数月至一年后,加上栀子(酒浸)、红曲、糖浆、玉竹液等配制才可得成。玫瑰露酒则更显现鲜花的清纯秀色。以二比一的比例加入玫瑰露,并在老白干中投入新鲜玫瑰,泡制后经蒸馏成"母",复用白干勾兑后适量加糖而得。其香馥足以垂涎,难怪会得到"色媚如梅、清香凝玉、香露四射、芳氲不绝"的美誉。正所谓"茵陈玫瑰五加皮,酒性都从药性移"。

始创于光绪初年的义聚永酒坊,在当家人刘鑫(荣斋)的主持下,不断改进工艺,酿造的玫瑰露、五加皮、高粱酒等口味独特,香气醇正,名声远播。但好景不长,光绪二十六年(1900)八国联军火烧大直沽,包括义聚永在内的十多家酒厂遭受重创,大直沽酿酒业元气大伤。

民国时,大直沽的酿酒业重新得以发展。1920年左右,刘鑫的长子刘桂森(香久)继任义聚永经理,他再次对五加皮、玫瑰露酒进行了技术

改造,并增加新品种,形成了独特的风格。20 年代末 30 年代初,刘桂森还亲自奔赴上海、汕头、广东以及东南亚各地,打开了销售渠道。1927年,义聚永在南洋注册金星牌商标;1931 年,义聚永在香港注册金星牌商标,并将酒出口到世界各地。欧美人也无不为这"中国白兰地"而倾醉。

在后来的出口贸易中,义聚永等老字号为了避免中间商的挟控,在中国港澳地区、南洋自行驻庄经销,香港永利威酒行即是其中一家名店,颇具影响。

透过五加皮酒的老广告另可见一有趣现象。津酒的远销带动了香港酒业经营的发展,总号在香港的永利威酒行在津又设分号,进而形成南北美酒的大融通。永利威等洋商酒行主营五加皮、玫瑰露的同时,也为津沽百姓带来了贵州茅台、绍兴花雕、江苏回笼、山西汾酒等各地名酒。广东的生雪梨酒、青梅酒、绿豆烧酒、三蒸酒等民间"土酒"亦随之而来。另外,五加皮、玫瑰露、状元红的热销,自然引来了各类保健药酒、露酒的"跟风"。什么祛风三蛇酒、扶元百岁酒、参茸卫生酒、滋养宜神酒,以及莲花露、桂花露、茵陈露、菩提露、橙花露等再制酒纷纷面市津城,争奇斗艳,不一而足。

20 世纪 40 年代,日本帝国主义的侵略与国民党政府的腐败,导致大直沽酿酒业再次衰微下来。

中华人民共和国的成立为大直沽酒业带来新生,在 1956 年的公私合营中,义聚永、义丰永、同聚永、广聚永、同丰涌、裕庆永、永丰玉、裕丰永等酒厂合并到中国粮油食品进出口公司天津分公司(天津食品进出口股份有限公司的前身)。此后,五加皮、玫瑰露酒等屡获殊荣,成为深受海内外喜爱的美酒佳酿。

有口皆碑的"瓜子"眼药

笔者收藏有一张民国时期天津"瓜子"眼药的广告传单,其中的故事值得研究、解读。

老年间"瓜子"眼药大名鼎鼎,因药粒像瓜子,故得名。白敬宇品牌瓜子眼药虽原产于河北定州,但后来与天津多有交集,这张故纸顶端赫然写着"天津警察厅化验注册批准出售"字样,而且该眼药曾在天津东马路闹市以及娘娘宫驻庄售卖,因疗效确切、神速,曾被誉为"娘娘宫三宝"之一,可谓家喻户晓。

瓜子眼药始于明朝永乐年间。白家先祖最早在西域以行医卖药为生,成吉思汗进军黄河北岸后,白氏迁居定州,薪火相传,子孙后代皆有良好继承,成为当地的回族名医。民间流传故事说,乾隆爷下江南途中两眼红肿痛痒,用了定州眼药后药到病除,皇上大喜,特颁旨赏赐。1915 年,瓜子眼药获巴拿马太平洋万国博览会金奖。白敬宇药行创立于1931 年,他潜心钻研各种验方、秘方,不断总结发展,博采众长,制成丸散膏丹,为民众提供了不少便利,最知名的传统眼药一直深得各界赞誉。后来,该眼药定下"鲸鱼"商标,与"敬宇"二字谐音,并进一步扩大生产。20 世纪30 年代,白敬宇药行迅速向大城市扩展,先后在北京、南京、天津、石家庄、祁州、开封、郑州、济南、西安、汉口、长沙等地设立了分号。

按《全国中药成药处方集》中的方子,瓜子眼药是复方炉甘石眼药,主要成分包括煅炉甘石、冰片、麝香、熊胆、梅片、硼砂、牛黄、琥珀、珍珠（豆腐炙）、黄连，将药材研细和匀后用荸荠汁、冰糖水调和，做成瓜子样的锭剂。瓜子眼药能消肿止痒，明目退翳，主治火眼、气蒙昏花、红肿痛痒、流泪怕光、外障云翳、眼边红烂等。

笔者想搞明白这张瓜子眼药故纸流传的大致时间节点，仔细研读发现信息量真不少，文中称："每块纹银三分，不折不扣，言无二价。"结合上文信息，笔者觉得有几个关键要素值得注意，比如"天津警察厅""纹银"等。

清光绪二十七年（1901）《辛丑条约》签订后，清政府在天津设立警察厅，这是我国历史上第一个警察机构。当时，警察厅的职权范围比现今大，对药品生产营销也有监管职责。天津依河傍海，交通发达，是距定州最近的港口码头，天津成为白敬宇瓜子眼药行销发展的重要基地是理所当然的事。同时，在天津驻庄且获天津警察厅官方许可，对商家来说也具有相当重要的意义。

老年间的纹银因铸造后外观有水波纹或螺纹而得名，它非实际银两，是流通货币之一。按清朝官定标准，好纹银的成色应为93.5%左右，俗称"十足成纹"。近代思想家、实业家郑观应在《盛世危言·铸银》中称："纹银大者为元宝，小者为锭。或重百两，或重五十两，以至二三两。"之后一些地方又有新标准，如含银量不低于99.6%的称为纹银（纯银）；含银量在99.6%以下、99%以上的称为足银。纹银流通了很久，值得注意的是，1933年国民政府宣布"废两改元"，规定所有收付不得再用银两，一律使用银元，纹银从此退出流通领域。由此可知，这张瓜子眼药广告故纸至迟印行传播于1934年以前。

另外，故纸上广告文称："本局开设祁州南关大街药王庙南路西，赐顾者认广新誉发票。"很明确，祁州（今河北安国，素有"药都"之称，紧邻定州）的赵记广新誉商号分销瓜子眼药，正是此故纸的主家。那么，故纸上"中山"二字如何解读呢？春秋战国时代，中山国位于赵国和燕国之间,都城即相当于今河北定州(后迁都灵寿),因为城中有山,所以称中山国。

笔者还收藏有一枚 20 世纪 30 年代白敬宇瓜子眼药专门印行的信封,信封背面是广告,据文字获知当时白敬宇还开展函购业务,方便偏远地区的患者。恰好,信封与这张故纸权算姊妹吧。

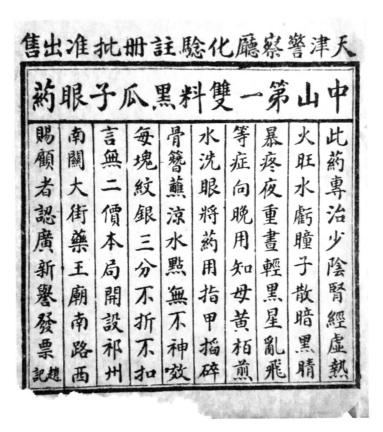

图 1-15　瓜子眼药仿单标

塘沽的"万能药"

笔者收藏的一张药品广告上标有"河北省塘沽"字样,看点颇多。在笔者收藏的天津本地广告中,今日天津所属塘沽的故纸还是不多的。此"河北省塘沽"字样,涉及旧年京津冀三地之间、天津市与塘沽区之间不断变动的行政区划关系,说来话长。

渤海之畔的塘沽是一方宝地,位于京津城市和环渤海城市带的交汇点,地处天津滨海新区中心地带。从历史行政区划来看,1930 年 6 月,天津特别市改为南京国民政府行政院直辖的天津市。当年 11 月,因河北省省会由北平迁至天津,天津直辖市改为省辖市。到了 1935 年 6 月,河北省省会迁往保定,天津又改为院辖市。1949 年 1 月 15 日,天津解放,此后划为华北人民政府的直辖市。同年 10 月 1 日中华人民共和国成立,天津被定为中央直辖市。1958 年 2 月,天津再度划归河北省,改为省辖市。至 1967 年 1 月,又恢复为直辖市。具体到塘沽,其历史上的建制沿革复杂多变,到了天津解放前夕,塘沽的北塘、塘沽、大沽、新河被合并,成为河北省的塘大市。1949 年 3 月 8 日,天津市政府决定撤销塘大市,成立天津市塘大区。1952 年 2 月,塘大区改称塘沽区。

这张标有"河北省塘沽"字样的广告标题为《起死回生》,是塘沽元元药厂为推销一种叫"元丹"的常用药而制。该药在民国卫生局化验,在农商部注册,商标为"钟"牌。广告显示,元丹主治不思饮食、口头无味、酒

图 1-16　塘沽元元药厂有元丹

醉头昏、上吐下泻、霍乱转筋、晕船晕车、受热中暑、精神不爽、积食气闷、
四肢无力等十几种病症,简直可以称得上是"万能药"了。在广告的左上
角还标有几位医药博士与专家证明、监制的字样。又据左下角注明的售
卖地址可知,当时的总经理批发处在天津市内北马路聚兴义商号,制药厂
是"河北省塘沽元元有限公司",于各地各大药房、各大商店均有代售。

　　另一张故纸是《塘沽元元制药厂竞卖部广告》。据其上信息显示,当
时元元药厂除出品元丹之外,还生产牙粉。为了促销,该厂特别在天津青
年会(即天津中华基督教青年会,成立于 1895 年 12 月,是中国第一个城
市青年会,地址在东马路)、国货展览会上设立了竞卖部。所谓"竞卖"即
售卖的同时派发赠品。抗战爆发后,提倡国货、抵制日货运动在各地风起
云涌。我们说,老广告是反映时代的一面镜子,这张竞卖广告上也在号召
顾客:"提倡国货即是救国救自己,爱用国货才是真提倡国货。不怕不识
货,只怕货比货。"

大沽老字号怡泰昌

天津大沽素有"地当九河津要,路通七省舟车"之誉,人文底蕴丰厚。这里不仅有潮音寺等庙宇香火所带来的民风民情积淀,也不乏口碑久传的老买卖、老字号留下的历史故实。笔者收藏有几样大沽怡泰昌绸缎庄的广告旧纸,其色彩虽已沉旧,却仍不难管窥它昔日的相貌。

20 世纪三四十年代,发祥于东大沽的怡泰昌号货品齐全,主营绸缎呢绒、纱罗布匹、中西服装等,生意红红火火。商业经营需要洞察与远见,清末至民国年间,津沽码头作为北方的繁华商埠,大小绸布庄、服装店林立街市,若想在津城同业市场中占有一席之地,除了商品质量、经营服务过硬外,广告宣传也是重中之重。怡泰昌也深谙此道。审视手边这页故纸,广告显现出较为浓郁的西洋设计风格,时尚大气。几何线条与块面中的"怡泰昌"三字采用颜体榜书与美术字相结合的技法来写,中西相参,端庄醒目。在字号名称的下方还绘有一剪影头像,其上有用"Y·T·C"巧妙构成专属标识的图样。

据此广告内容显示,怡泰昌"老店"位于"海口东大沽"。如今,"海口"旧称鲜有提及。古镇大沽(包括东大沽、中大沽、西大沽)被乡人俗称为天津"七十二沽"的最后一沽,位于海河入海口,亦名大沽口,乃京津门户、海陆咽喉要塞。后来,怡泰昌力争更大发展,在广告所示的"南市华楼南建物大街"又开办了更具规模的商号,称作"总店"。缘何来南市做生意? 南市繁华热闹,日进斗金。老南市连接老城厢与外国租界,各方势力交汇,形成"三不管"地带。这里四通八达,早在20世纪初就陆续有地产开发、商业经营。华楼位于建物街与慎益街交口,初为当铺,清宣统二年(1910)末代皇帝溥仪的舅父良揆在这里开设了西餐馆,达官显贵、中外客商由此纷至沓来,人气飙升。此后,南市逐渐发展成为游人熙攘的多业态的商业与消闲街区。

怡泰昌的同行、著名的老九章绸缎庄近在咫尺,相互竞争在所难免。大绸缎庄都是善做广告的高手,各类宣传铺天盖地,花样繁多,自家广告如何能别具匠心、引人注目,确需花一番心思。为了让中高端顾客购物、送礼更加体面,旧时的一些绸缎庄常备精美礼盒,怡泰昌岂敢落在人后呢? 笔者另见一怡泰昌礼盒,其装潢是淡绿色调的,画面中,在鲜花的映衬下,"喜寿幛料专家"的标榜倍加突出,风头不言而喻。另外,怡泰昌还特别用英文附注了店号名称,意在迎合中外买主,并显"洋气"。

值得注意的是,礼盒上的广告信息再度详确了怡泰昌老店在东大沽的地址:"观音寺西大街"。历史上,东大沽观音寺又称菩萨庙、观音庵,始建于康熙初年。相近的西大沽也有座菩萨庙,后称潮音寺,这一庙名很可能出现于1842年至1846年,也即西大沽菩萨庙大殿建成后不久。

图1-17　怡泰昌广告

"刀剪如林"的北马路

笔者收藏有不少老广告故纸,以纺织、百货、烟草类居多,当然也有小众的,比如天津南马路卖秤的,西北角写字的,还有北马路卖刀的,这种小广告用纸一般糙且薄,当时随手而弃,流传概率低,所以更显难得。

中德顺老刀铺店址在北马路官银号对面,主营双天字牌刀具,民国时期曾散行一纸广告传单,图文并茂。"双天字老刀铺"颜体大字赫然顶头,字周加线框后好似牌匾。其下绘图,见厨师二人,左者穿长袍,发型还是刚剪过前清发辫的样子;右者穿新式中山装,戴围裙,二人皆手指一块广告牌且挑起大拇指,潜台词——好刀!随视觉导引,中德顺的十种商品被清晰描画,举凡南刀、厨刀、砍刀、方刀、片菜刀、羊肉刀、艾叶刀、冬菜刀、粉刀、斧头等一应俱全,有些刀在今下难得一见。

品牌价值之说旧人早有知晓,中德顺便在每把刀的左上角凿有"天天"二字,广告文言:"本号特为提倡门市起见,特请名师不惜重资加工细作(原文'置')造一切锛凿斧锯,专门研究各式刀类等货,无不完备,精益求精,物美价廉,非常公道,管保使用过半,否则原钱退回。若购买此货者,须可认明招牌商标为记,诸君请试,方知言之不谬也。"这里的"使用过半"可谓硬核品质,天天用刀磨刀,天长日久都磨去近一半了,但依旧锋利如初。钢好钢足,不言自明。

中德顺缘何选址北马路?物以群分,买卖往往好扎堆儿,比如附近河北大街卖竹藤、瓷器、玻璃镜子的店铺林立,三条石大街以小工厂(华北工业摇篮)著称,北马路西段百货店、绸布店多,那东段呢?几乎可称刀剪一条街。"南有张小泉,北有王麻子",北马路刀剪行之火,源自北京老牌正宗"王麻子"。一花引得百花开,旧年这条路曾有二三十家刀剪铺,铺挨铺,且大多以"王麻子"或"汪麻子"为标榜,当然,这些店铺真真假假、虚虚实实让人一头雾水,有的店家甚至还前缀"真正""老"等字眼。有这么一件趣事,传说有一家柜台后常坐着一个满脸麻坑的掌柜,好似活广告,可有人细打听才知道,他并不姓王。竞争免不了在门口大声吆喝:"来啊——这边来呀,真'王麻子'、老'王麻子'嘞,找'真正老王麻子'的您往这边来啊。"伙计站街口若悬河地宣传倒也正常,即便是冒牌,但各家都不会卖太劣质的货,毕竟铺面买卖不像串胡同的小贩,需要有回头客。

笔者另曾见 1949 年 2 月北马路汪万丰刀剪庄开出的发票,票面写明售出片刀几把、价格几何,买方是当年天津解放后焕然一新的政务机关。像中德顺、汪万丰等商号不傍大牌,光明磊落地坚守自家品牌,能在"刀剪如林"的北马路站住脚,且如中德顺广告所言"只此一家,并无分号",也实属不易了。

商标画有姊妹版

老天津工商实业在发展过程中,广告、商标随之演进更新,进而形成姊妹版,权算一趣。先来说说民国时期天津恒源纺织公司的"蓝虎图"商标。近代以来,天津棉纺织业不断进步,清光绪二十九年(1903),周学熙在津创办了直隶工艺总局,大兴实业,第二年再设实习工场,开始机器织布。津地第一家机器纺纱企业——北洋官办直隶模范纺纱厂于1915年在宇纬路创办,次年,章瑞廷创立恒源帆布公司。几年后,上述二厂合并为恒源纱厂,1920年8月开工。

图1-18 彩版风行万里牌商标画

恒源厂推出"八仙""蓝虎"等品牌,商标图画雅俗共赏。"八仙"神话家喻户晓,在此不赘述,仅说老虎,它威猛雄健,虎虎有生气,额头上的"王"字更是强者的象征。早在三千多年前,虎的形象就被视为吉祥标志。据《周礼》载,当时已有在大门上画猛虎的习俗,取其守门、御凶、辟邪、纳吉之意。缘此,实业家对猛虎形象"一往情深",实则对生意充满美好期许。那么,恒源为什么特别选择了"蓝虎"呢?蓝虎即黑虎,又称黑蓝虎,其毛皮浅黑,略带灰蓝,上有深黑色条纹,传说是华南虎或东北虎的变种,非常罕见。物以稀为贵,"蓝虎"商标的立意因此更显深刻。

1936 年恒源纱厂由诚孚企业有限公司接管。诚孚公司是 1925 年由银行家周作民、林裴成等人在天津法租界中街(今解放北路)开办的,有一定的经济实力。被接管后的恒源纱厂锐意改革,他们检修机器,提高棉纱产量、质量,并进一步培训女工,事业较以往大有起

图 1-19　专色版风行万里牌商标画

色。诚孚管理之初,恒源的"蓝虎"商标画还是较粗糙的老样子,仅为蓝色单色印刷。后来,诚孚全新推出彩色商标,画中下山蓝虎二目圆睁,威猛有生气。商标上部的花朵中特别标明了"彩"字,以示换新。重要的是,"诚孚管理"的字样也被添加到重要位置,突出权限变化。

威武雄健与一帆风顺,皆为商业心理期盼,希冀财源广进。民国时期天津敦义机器染织厂在北方同业中具有一定的知名度,"风行万里"是该厂的名牌商标。商标画为彩色印刷,画中旭日东升,大船扬帆,乘风破浪,场景很壮阔。到了 20 世纪 50 年代初,敦义厂还一直沿用此品牌,但重新设计了更大幅面的商标画。审视前后两版商标画,后者采用更低价的专色印刷,只用了橙红、草绿、黑三色,经巧妙穿插配合,也呈现了丰富的层次变化。顺便要说的还有昔年无锡锦新纺织厂的"顺风"品牌商标画,与敦义厂的类似,同为一帆风顺图,不过仅为红色单色印刷。

奇思妙想搞推销

苏杭丝绸名气大、买卖广，苏杭商人当然不会忘记繁华热闹的天津市场，总号位于杭州的美昌绸缎庄、源昌绸缎庄，约在 20 世纪 20 年代就已在津开办了分号。天津美昌号位于估衣街归贾胡同口，源昌号位于北门东狮子胡同口，两家买卖本属一个东家，连锁经营，更易推销。

若想在津城占一席之地，除了商品质量、经营服务过硬外，广告宣传也是重中之重。天津的大绸缎庄都是善做广告的高手，各类宣传铺天盖地、花样繁多，自家广告如何能引人注目呢？

为了促销，美昌、源昌两号煞费苦心，曾联合推出过一款纸制"广告"钱夹，免费赠送给新老主顾，算得上出奇制胜了。笔者收藏的这个钱夹长 17 厘米（打开），宽 13 厘米，里外多达 8 个口袋，巧妙之处在于它是用一大张厚纸折叠而成的。钱夹上的信息量较大，图文并茂，各面相对独立又相互配合，成型后方方正正、有板有眼，当是前期认真设计的结果。钱夹外面，好似两幅小小的海报画，天高云淡，松林掩映，还有几只飞鸟在自由翱翔。"源昌"大字下的广告语称："本厂自织新的绸缎罗纺纱绉，零整批发，概按杭价。"这是在告知顾客，别看我们在北方售卖，但价格皆等同于产地杭州的低价。"美昌"名下也有标榜："买过即知，穿过叫好，货高价小。"钱夹外面的顶端另有几个大字："杭州分此，贱卖惊人。"

商家到底有什么好货呢？打开钱夹看，绸缎庄将诸多商品一一罗列，如真丝高纯康皱、宽真丝高洋皱、真丝加重杭纺、真丝加重杭罗、闪色新花幸福皱、各色印花印度绸、女机各种细夏布等,皆为当年最时髦的高级面料,且都标注了价格(苏州码),让顾客心明眼亮。与此同时,商家仍在不停吆喝:"快买应时单夹衣料,好便宜的罗纺纱呀——"绸缎商向来看重喜寿大宗用度,所以在钱夹中专门开出一面来推销婚嫁所用的时装面料。

几十年后观此,我们不难管窥那个时代的风尚线索,如南绣花衣料、刺绒花衣料、浆印花衣料,以及闪色花衣料等。不仅如此,商家也在搞成龙配套的相关经营,广告中附带推销着南方的时尚绣花茶壶套、枕头套、绸面巾、新鞋面、各样帐子料,真是琳琅满目,非常贴心。

绸缎庄并没有抓大放小,如广告中列举了不少零头面料,言称"全够男女袍裤料、大褂料、小孩袄裤料"。细想,这般尺寸其实并不小,可人家"真如白送",意在便民。如此说辞容易让人联想起传统相声卖布头的段子。还不动心吗?钱夹内里上端又见一行大字在加力:"全部高货,特别贱卖;牺牲一切,事实取胜。"一个小小的钱夹,宣讲美昌、源昌绸缎庄,顾客拿在手里,揣在衣袋,潜移默化中会达到事半功倍的广告效果。

图1-20 别具一格的广告钱夹

礼券谈往

这些年来,笔者在不同收藏市场淘到十几种各色老式礼券,画面上除了"价值"信息,也具有一定的广告推销特征。其实,最初搜罗这类故纸的目的不过是想给自己的商业民俗研究寻些鲜活有趣的资料,岂料时间长了、品种多了,读起来也颇有意趣。

图1-21　中原公司礼券

老天津商业发达,购销两旺,发售礼券更是一些百货经营者的拿手好戏。百货店的礼券(商品券)一般是购买者先在店里存储一定数额购物款,然后可转赠他人或自行消费,持券人不见得一次性消费完。礼券背面常印有表格,列日期、取货金额、余款、司理人、印章加盖处等,十分严谨。

20世纪30年代末,中原百货公司曾发售礼券,券面设计时髦洋气,淡黄底色衬托着花卉藤蔓,呈现出美妙的S形,花草萦绕在红色的"中原公司"字样周围,左上角圆形内是公司大楼,堪称当时天津的地标建筑。再说东马路宝丰百货线店的礼券,画上的麒麟与丹凤营造出吉庆氛围,美术体"礼券"二字上方有聚宝盆图,寓意聚财生财。礼券右下角专门设计了繁复的花式图案,与今天的货币图案近似。礼券面额就标注在这个位置,盖章后可有效防止私自涂抹修改。宝丰礼券背面表格与中原礼券的模式差不多,但特别加盖有钢印编号,进一步起到了防伪作用。

"卫嘴子"讲究吃,大饭店小饭馆座无虚席。开业于 1917 年的燕春坊是老天津知名的二荤馆(中档饭店),酒席宴以及水饺、寿合、喜合等美食吸引着食客。燕春坊在 20 世纪 30 年代曾连年发售喜庆礼券,凭券可兑换一桌丰盛的酒席。不仅如此,精于鲁菜的登瀛楼饭庄北号在 1942 年也推出过 10 元(大洋)面值的礼券,其上言明:可品尝正宗的"上席一桌"。

糕点店也在跟风,总号位于东门外的一品香茶食店生意兴隆,分号也有数家,该店在礼券上特别注明"四号取货,一律通用"字样。设计精美的礼券有时还要配上漂亮的类似信封样的包装袋。比如,凤记东品香茶食店的礼券袋一面画着乘风破浪的远洋轮,给顾客施展宏图大志的美好遐想,另一面为花木图,显现出几分清雅格调。

中孚银行是 1916 年在天津创办的,1918 年即开办外币汇兑业务,是我国第一家特许经营外汇的商业银行。1927 年该行加入上海银行业联合会并将总行迁往上海。中孚银行在 20 世

图 1-22 宝丰百货店礼券

纪30年代中期推出的礼券非常漂亮,根据不同面值,画面设计有牡丹花开、灯笼高挂、红日飞鹤、明月双燕、青松垂柳、戏水鸳鸯等吉祥图案。1920年创办于上海的明华商业储蓄银行在天津设有分行,明华礼券上的储金可在总行、分行通兑现金,方便民众资金往来。

图1-23　礼券的外包装袋

第二辑
洋行话旧

老晋隆与"品海"

美国烟草公司生产的品海牌香烟是最早引入中国的国外纸烟(卷烟)品牌,这说来话长。长久习惯抽水烟、旱烟的中国烟民对纸烟知之甚少,吸者寥寥。清光绪十年(1884),张焘在《津门杂记》中说:"紫竹林通商埠头,粤人处此者颇多,原广东通商最早,得洋气在先,类多效泰西所为,尝以纸卷烟叶衔于口吸食之。"这是国人较早对纸烟的清晰表述之一。书中还收录一首前人的《烟卷》诗:"寸余纸卷裹香烟,指夹欣尝吸味鲜。"

光绪十四年(1888),在美商老晋隆(天津)洋行供职的中国职员邓宁认识了一个美国烟草公司的业务员,这个美国人是来津推销品海牌香烟的。此烟1886年创始于美国,以味淡、芳醇、色黄、质好著称。得益于邓宁穿针引线,老晋隆洋行成为品海牌香烟的中国总代理,据说邓宁还在进口到我国的第一箱纸烟的提货单上签了自己的名字。"品海"英文为PINHEAD,是钉子、大头针的意思。在天津的一些烟民逐渐对这两头可吸的新奇烟卷产生了兴趣,真正意义上的中国近代烟标文化由此肇始,尽管最初没有太多人以为然。

刚开始,老晋隆洋行每月只进口150条香烟,消费群主要是临时落脚天津的外国水手、租界里的洋人,以及在津服务于洋商的零星广东人。老晋隆逐渐铺开了自己的销售网络,进而将生意扩展到四乡八镇。

品海牌香烟自来到中国，其广告宣传便如影随形。比如，经销商很快推出系列以明黄、大红为基调的小画片，其中一张名为《美国地方收取"品海"烟叶图》，画名为毛笔楷体，笔画显得生硬，也许是洋人亲手写下的。小画片上面画着美国农民收割新鲜烟叶的情景，左下角的品海牌香烟盒也很显眼。还有《富贵之人吸"品海"烟图》，画面是一穿朝服的清廷重臣的正襟危坐照，左下角同样画着香烟盒，权当广告。如此看来，品海牌香烟的产地、品质保证、消费层次等诉求指向是很明确的。这种小画片可谓香烟牌子的雏形，同质画片还有一张上印着两张美国美女小照，照片分列左右对角，中间大红底色上有品海牌香烟盒，异常突出。且看广告文字："'品海'香烟箱内每箱均有此本图样，使人一目了然。"

图2-1　品海牌香烟广告

在商言商，老晋隆洋行想，若用中国烟草在当地加工香烟不是能获得更大的利润吗？于是，他们开始筹划在天津建厂。据《中国近代工业史》记载，光绪十七年（1891），老晋隆洋行投资一万两白银引进美国邦萨克卷烟机，在津开设了一家小规模的卷烟厂，继续生产品海牌香烟，这也是我国出现的最早的机制卷烟厂。但好景不长,光绪二十八年(1902),美国烟草与英国帝国烟草等公司联合组建国际托拉斯英美烟公司,兼并了老晋隆洋行,且继续在天津发展,品海牌香烟从此打上了"英美烟公司"的名称。虽然此烟档次不算高,但属经济实惠,很是畅销,清末民初的《天津地理买卖杂字》中有记:"买烟卷,吸品海,顶球飞艇数刀牌。"

宣统年间,英美烟公司为推销品海牌香烟不遗余力,广告举措花样翻新。比如相当于 32 开大小的硬纸烟卡广告就是一例。广告绘画巧心思,将中国童子游戏的场景移入画面,只见大树下码放着几盒巨大的品海牌香烟,几个孩子爬上爬下,有的抱起一根烟,有的不仅钻进烟盒里,还骑上了一根。这时,年轻的粉衣妈妈带着小姐姐来了,似乎在招呼他们赶快回家。另一张烟卡的画面是院门外情景,品海牌香烟盒码成了宝塔状,六个孩子攀爬嬉闹,一人已登上顶端并扛起一根香烟,一人在半腰,手里正举着一包烟。此类画片的背面附有宣统二年(1910)或宣统三年(1911)的年历,为人提供了日常方便。

清末民初,英美烟公司迅速打通了上海市场,并以十里洋场为基地发展市场,品海牌香烟更加畅销。1919 年英美烟公司在天津大王庄建厂投产,品海牌香烟继续出品,当时有 10 支装竖包、20 支装竖包、50 支装听包。到了 1934 年,英美烟公司在中国的卷烟厂更名为颐中烟草公司,品海牌香烟随之变更厂名。民国末年,随着市场变化,品海牌香烟被本公司其他品牌替代,从此销声匿迹。

"美孚"分设天津宝坻

许多老年朋友对昔日的小油灯不陌生,大致也还记得更高级一点儿的"美孚灯"。"美孚"是美国美孚石油公司的品牌,准确说,美孚灯是商人精心设计的广告赠品,潜移默化希望民众多用煤油、用美孚牌煤油。美孚灯曾深入千家万户,是百姓生活的必需品。

洛克菲勒财团创办的美孚石油公司1882年成立于美国新泽西州,总部后来设在纽约。美孚公司很早就将目光投向中国市场。1894年美孚公司在上海设立中国办事处,随后相继在各大城市设立分公司专营批发,进而又建立了经理处、代销点等一整套完善的销售网络,天津自是其重要的经营落脚点。

美孚行在中国的发展并非高枕无忧,陆续进入中国市场的洋商同行亚细亚公司、德士古公司等与美孚行不断竞争,这也迫使美孚行从更理性、更人性的角度紧锣密鼓地开展广告与推销,通过笔者收藏的一册美孚行1924年发行的月历便不难管窥。

美孚行月历为标准16开本,一共36页,彩色精印,内容介乎于传统皇历与现代月历之间,详细且实用。月历首页及封底印着醒目的美孚行商标和简介,同时告诉大家:"中国各大商埠均设分行,城乡市镇遍设经售部,定价克己,以广招徕。"因为1924年适逢农历甲子年,所以封底的美孚标特别与拳头大小的"甲子"二字相佐,这展现了美孚行称雄市场的决心。不仅如此,美孚行月历尾页还图文并茂地展示了该公司出品的油灯、无烟火炉、煤油、蜡烛及避疫水等产品。

美孚行做足细节,即便华北乡村宁河等地的市场也有触及。据当地老人回忆及相关资料初步可知,昔日宁河丰台镇东大街上有一家经营原油、成品油的商号——裕兴长,传说该号的经理人是近邻河北玉田赵官庄人。裕兴长院内有几个高大的储油罐,以售卖美孚油为主,兼营其他油品。裕兴长的生意顺风顺水,除丰台号之外,在周边唐山、河头(丰南)、玉田、芦台等地皆有联号生意。但零星的民间口述史料也有另一种说法,称早在清代初年,晋商就在宁河丰台从事商贸活动,至民国时期,山西生意人约有三十多人,商号二十余家,他们在丰台的信誉口碑颇佳,其中就有裕兴长一号。上述裕兴长号是同为一家,还是两家?有待进一步查考。

美孚行在乡村留下的痕迹不少。近年,在天津宁河及周边地区发现过几样旧年美孚行所用的带图案、文字的木板。木板实为美孚油(煤油)包装木箱的一面,图画是火烫烙印到木板上的。细看便可发现画面充满想象:八仙桌前,一位长须老者正在辅导自己的孙子临写毛笔字,老人手里举着的字帖上也有篆书"老牌"二字。孙子认真伏案,他屁股下坐的正是一箱美孚油,木箱一侧的画面恰是如上描述的画面,如此形成了有趣的画中画。再看老人与孩子大致是身在自家庭院月亮门前,而人物与月亮门外的背景是远山,如此骤然开阔了画面的空间感。

木板上,这幅图画左侧有"老牌"二字,与那字帖上的篆字相映成趣。"老牌"二字下还有"各代传名"几个字,美孚行表白之意不言自明。图画下方另有"TRADE MARK"与"商标"字样,再往下是硕大的"美孚行"三个颜体大字。图与文的商标广告意味非常强烈。需要说明的是,美孚行昔时在中国市场销售的煤油主要有鹰牌、老牌、虎牌三种,上述品牌即为其中之一。

品牌意识需要长久强化,这也体现在美孚灯上。民国时期的很长一段时间里,美孚行搞推销,如买一公斤灯油就可免费得到一盏新颖的美孚灯。这种油灯是铁皮座(油罐)、玻璃罩的,铁皮座一般压凸有"美孚行"三字,玻璃灯罩上往往写着"请用美孚石油"字样。这样的广告赠品很实用,如今在天津民间、在丰台应有一定的遗存。

前面说到的美孚行月历册也是笔者多年前在天津民间一堆旧资料中淘得的。细看这本月历,最显著的看点是中美两国历史文化及名胜古迹的比对与参照,大幅图画生动,小楷说明文字凝练。开篇是中国近代立宪派、资本家张謇与美国石油大王洛克菲勒(美孚公司创始人)的肖像。光绪年间,状元张謇在清末创办纱厂、轮船、铁路、银行等大型企业,视实业与教育为"富强之大本"。类似珠联璧合的参照还有随后的孔子与华盛顿,图下的说明文表明了立意:"华盛顿首创美利坚联邦,故有'国父'之称,美人尊重其言论备极诚挚,与华人之崇拜孔子如出一辙。"另外,两国名胜的对应有天坛与白宫、长城与巴拿马运河、钱塘江大潮与尼加拉瓜瀑布、孔子墓与林肯墓、苏州北寺塔与纽约美孚大厦等怡人的画面。

图2-2 美孚行的月历广告

这本广告赠品月历由时任上海美孚行经理爱金生亲自策划,其目的何在呢?封二的"旨趣"中说,鉴于中美同为大国,都有丰富的物质文明和哲理思想,美孚行以两国事务相对照,为人们呈现备受欢迎的画面,从而期待相互发展,乐利无穷。这一理念在序文中又表述道:"中美画面比而观之,足以引起学术审美的研究,此目的是在商业利益之上的。"

虽说如此,但商人毕竟以趋利为本,美孚行之意也可谓司马昭之心,月历前后数页的广告当然是不能免俗的。实际上,"旨趣"的文末即笔锋一转,称美孚行以大量煤油供给中国市场也正是相互发展、提携的意思。

美孚行对天津大码头市场格外看重,早在清末年间在津就开设了分公司,直到 20 世纪 40 年代末仍活跃于市。比如在 1935 年前后出版的《天津电话号码簿》中,详细载有美孚油行的信息,如总行在法租界 6 号路(今哈尔滨道),油栈在特三区(原俄租界)田庄,上行在三条石,公司高管大多住在特一区(原德租界)等。另外,在 1948 年的《天津电话号码簿》中,美孚行在津总行的地址、电话没变,另出现了"河东仓库"名(推测为上文所载油栈),地址在六纬路东头,还有汽油站,地址在浙江路。类似的细节资料对进一步挖掘、研究美孚行在中国北方的岁月往事具有一定的参考价值。

图 2-3　美孚行广告册表现文化对比与交流

"阴丹士林"在意租界注册及发展

在故纸收藏市场,"阴丹士林"的老广告素来是热门之一,笔者也多有收存。"阴丹士林"是一种染料名称,旧称颜料,德国化学家在 19 世纪后期研制成功后,该国迅速成为世界上最大的染料出口国,中国是其重要贸易市场之一。用阴丹士林染成的色布曾影响几代国人,为人所喜爱,与之形影相随的海报、商标画五光十色(尤以美人图题材为佳),堪称 20 世纪上半叶国内品种最全、题材最丰富、画面最精美的工商广告。

据民国时期的《商标公报》记载,1926 年德商爱礼司洋行在中国正式注册阴丹士林色布使用晴雨牌商标,《商标公报》显示,注册时间为 6 月 30 日,洋行地址在天津意租界东马路 26 号。具体说来,当时意租界东马路分为南东马路(佛罗伦萨道)、北东马路(乌第纳亲王道),位置相当于今日海河意式风情区内的民生路。那么,德商为什么没在德租界完成注册呢?虽暂无史料佐证,但通过德租界、意租界分别被收回的时间早晚也许可做一种推测:中国 1919 年 6 月收回德租界,1945 年 8 月收回意租界。

"晴雨"是目前所见最早的阴丹士林在我国注册的信息。先说"晴雨",乃阴丹士林色布专属商标,图案为横向的椭圆形,红圈套黑底,正中间是个大大的英文字母"I",如红柱一般,乃德文"Indanthren"的字头,字母形成左右两分,左为太阳光芒图,右为乌云骤雨图,寓意日晒雨淋不褪色的品质。在阴丹士林布的布边均金印此"晴雨"商标及"阴丹士林"四字,洋商、分销商也不断地提醒顾客认准"晴雨"图,谨防假冒,如说,"购时请亲眼认明每匹布面所贴之金印晴雨商标牌子及每码布边之金印晴雨商标印记,'阴丹士林'及'晴雨牌'为注册商标,冒用必究。""晴雨"图和"炎日暴晒不褪色""永不褪色"字样不厌其烦地出现在阴丹士林布大大小小的广告上,并以此为核心立意设计了许多让消费者喜闻乐见的广告。

自清代中叶以来,天津迅速成为北方最繁华的水陆大码头,咸丰十年(1860)天津开埠后,九国租

图 2-4　阴丹士林广告

界相继设立,外商纷至沓来,广开洋行,大兴贸易,这其中当然少不了德国商人,像禅臣、礼和、美最时、世昌、瑞记等洋行主要以贩卖军火为主,而爱礼司、德孚、顺发、吉昌等洋行则经营一般进出口业务,化工、染料是大宗,爱礼司洋行尤因倾销阴丹士林染料与布匹而搞得风生水起,如1926年在津注册阴丹士林商标时,便涉及棉纱、丝、纺织品、服饰(包括纽扣)等130多种商品。

民国初年,我国的商标注册尚不规范,虽然爱礼司洋行直到1926年才在津注册"晴雨"商标,但其实该洋行早在清光绪年间,甚至更早就在中国沿海市场搞贸易了。据《上海外服公司志》中的《洋行与买办》一章载:"同治十一年(1872)在沪德商洋行已有40户,以后不断地增加,到光绪二十年(1894)已增加到85户,除禅臣、鲁磷、泰来等洋行外,以后开设的有瑞记洋行、礼和洋行、美最时洋行、顺全隆洋行、咪吔行、信义洋行、爱礼司洋行、天福洋行等。"就上述津沪史料延伸,爱礼司天津行、上海行开

办时间的先后及隶属关系有待进一步挖掘。

通过老广告、老物件上的图文信息也能管窥爱礼司洋行早年商贸活动的片影。爱礼司的大宗阴丹士林染料常包装在大木箱中,箱外有凹刻的"狮马"商标图及"爱礼司洋行"字样。前文所说"晴雨"为色布商标,而"狮马"为染料商标,阴丹士林染料小包装铁罐的装潢上也常见"狮马"图。笔者还曾见过清末爱礼司进口到中国的机制铜纽扣,纽扣背面也铸有"歪歪扭扭"的"爱礼司"三字。顺便一说,"狮马"同为爱礼司洋行肥田粉(化肥)的商标,也是其在中国的大宗生意。1929年新年之际,爱礼司洋行推出风趣海报一张,画面上的天空中有一大袋化肥正向人间倾洒,洒下的是无数金元宝。画中民众见此人声鼎沸,高举双手,争相取获,恰如画名《恭喜发财》。这张海报右侧标"中国总经理:上海北京路二号德商爱礼司洋行"。

图 2-5　阴丹士林广告花样百出

自 20 世纪 20 年代,在华洋行越来越多,德国商人为加强阴丹士林染料等在其他同行中的竞争力,于 20 年代中期联合组建了大德染料公司(财团托拉斯,又名大德颜料厂)。1924 年,在上海新成立德孚洋行(经理魏白兰)作为大德公司在中国市场的总代理,相形之下的德商爱礼司、礼和、谦信(也做阴丹士林贸易)等洋行统归德孚管理。德孚洋行位于上海四川路 68 号,专门的阴丹士林广告部也在该址,这在阴丹士林系列广告中多有明确显示。此后的广告上也常出现"记准就有一份阴丹士林染料,是大德颜料厂出品"之类的句子。

随之,上海成为德孚洋行、爱礼司洋行的经贸中心,业务手段灵活、资金往来纷繁,这从另一故纸细节也可管窥。爱礼司在上海曾推出"纸钞",类似时下的代金券。2010 年上海泓盛秋拍纸钞专场现一爱礼司纸钞,纸片不大,纸面方框内上为"爱礼司洋行"字样,中心位置有"25"与"Cash"字样,左右写"钱廿五文;汉口路五号"几个字。"Cash"是现金、兑现支票的意思。汉口路在老上海公共租界中部,有"金融街"的美誉。

爱礼司洋行是历练人的舞台。先说周宗良(1875—1957)。他出生于宁波,少年求学打下良好的英语基础,后来先在当地海关工作,几年后又到宁波爱礼司分行担任翻译,由此逐渐发达并到上海发展,凭实力进入 1924 年新成立的德孚洋行任账房总管。周宗良在商界风生水起,一跃成为十里洋场的"颜料大王"之一(另三家是贝润生、吴同文及邱倍山、邱渭卿兄弟),此后又陆续投资银行、实业等,享誉一时。再说绍兴人董荣清(1884—1951)。他早年在当地染坊做工,光绪三十四年(1908)到上海谋生,据《上海化学工业志》中"人物传略"表述,董荣清初在爱礼司洋行靛青化验室任职,几年后又兼任新康颜料号经理。《闵行区志》中又称,1933 年董荣清等人引进瑞士设备,在闵行区创建中孚染料股份有限公司,成为上海第一家民族资本染料企业,开现代工业新风。

话说回天津城。德孚洋行总行在上海开设后,1927 年左右在天津开办分行,华北地区以天津行为核心。最初,天津德孚洋行暂借靠在寿安街

（近民生路）的联德洋行内,不久迁到意租界河沿路（海河畔华安街）。据20年代末30年代初《天津电话号码簿》显示:德孚洋行公事房电话为40853,爱礼司洋行、拜耳公司账房电话为40569,此号即为意租界一带的号码。到了1933年,天津德孚洋行迁址到更繁华的法租界9号路（古拔路,后松江路）。再看1935年的《天津电话号码簿》,其中有德孚洋行公事房电话（30815）、华账房电话（30816）,却无爱礼司洋行电话。

　　天津德孚洋行很快垄断了华北地区的染料市场,所售"狮马"阴丹士林系列染料品种全,质量好,口碑颇佳。再有,赠送阴丹士林染料样品、包试包教是天津德孚推销的一大特色,他们会随时派技师到各地染厂传授染整方法,一旦厂商、经销商试用成功,稳定住客户,那么接下来便是德孚控货居奇的时候了,他们常常不时地抬高价格,大为获利。1945年第二次世界大战结束后,交战国人员被逐步清理,德孚洋行与阴丹士林染料的业务在天津走向衰落,但"士林蓝"等经典布色一直延续下来。笔者少年时代有件特别喜欢的"学生蓝"中式制服,倍加珍惜,收藏至今。

从"德士古"贴标说起

　　点灯的煤油旧称火油,清末至中华人民共和国成立之初,美商德士古公司曾叱咤中国市场,掠走了巨额利润。1901年(此据《天津通志·租界志》载,另有1902年一说)德士古公司成立于美国得克萨斯州休斯敦,随即发现大型油田并设立了炼油厂。

　　中国石油蕴藏丰富,但早年因无开采技术,反而成为贫油国。第一次鸦片战争失败后,清政府被迫开放广州、厦门、福州、宁波、上海为通商口岸,西方列强对华的经济侵略更加肆无忌惮。相形之下,外商在中国大规模设立公司,如德商礼和洋行、英商太古洋行、美商茂生洋行、法商永兴洋行等,这其中也包括来自美国的美孚石油公司、英国的亚细亚火油公司。与此同时,许多洋商将势力扩张与贸易中心从广州北迁上海。

　　其实,早在德士古公司刚成立的1905年前后,其"TEXACO"品牌已渗透到中国沿海。时至20世纪20年代,德士古公司与先行来华的美孚公司(1894年)、亚细亚公司(1913年)联手合作,开始瓜分我国市场,这三家公司在华总管理处均设在上海,总管理处下设天津、广州、青岛、汉口、重庆等各大区公司,又在中小城镇开代理店或经销处,销售网密布。他们的组织机构大致相同,分公司设大班(经理)、二班(副经理,主管业务)、三班(会计)各一人,皆由洋人担任。

　　中国民间长期点植物油来照明,德士古、美孚、亚细亚商人便瞄准市场,不厌其烦地着力宣传点煤油的好处,比如明亮、无烟、价廉、火旺等,甚至说用来烧饭也方便。洋商火油广告铺天盖地,乡间铁路、公路、河道沿线常见火油广告,穷乡僻壤的小杂货店也挂上了他们的牌子。德士古火油广告几乎让人到了"无处遁逃"的境地。洋商还附带推销新式煤油灯、火油炉等。几十年来,三家公司占据了中国煤油和其他石油产品销售额的四分之三左右。以华北市场为例,每年他们都会商定各家销售比例,历年平均比例约为美孚占40%,德士古占35%,亚细亚占25%,不一而足。

笔者也收藏有光华火油公司的广告。1927年,中国人自己开办的光华公司在上海成立,这让美孚、亚细亚、德士古感到恐慌,他们相互勾结做手脚,使上海租界工部局不给光华的加油站发执照,同时降价、压价来挤兑光华公司。

图2-6 德士古火油商标

天津也是德士古的重要桥头堡。《天津通志·租界志》记载,德士古天津分公司成立于1919年11月1日,公司地址最初在英租界海大道(今大沽路),后迁至领事道(今大同道)礼和洋行内,再迁往中街(今解放北路)华比银行楼里。天津公司的营业范围涉及天津、河北、山西,以及东北三省,还有内蒙古、山东、河南部分地区。

德士古的油库附设制桶厂,用机器制造白铁皮方形油桶,每桶可装5加仑煤油。附设木箱厂制造木箱,每箱装两桶油。笔者近日得到的这张老商标上便画着德士古的木箱图。德士古煤油有红星牌、幸福牌、银箱牌三种，此故纸为红星牌老标，商标为一颗大大的红五星，星中有个绿色的"T"字母。

1941 年太平洋战争爆发，上述三家公司被日军接管，至 1945 年 8 月日本投降，公司全部停业。从 1946 年初开始，这几家公司得美资扶持，相继恢复营业，直到 1951 年初解散。

礼和洋行卖染料

在中国近代史上,特别是商贸发展进程中,在华德商礼和洋行曾驰名南北,备受瞩目。清末,该公司曾在天津设有分行。

礼和洋行发祥于广州。1842 年 8 月 29 日,清政府与英国代表在南京签订了中国近代第一个不平等条约,即《南京条约》,其中重要内容便是开放广州、厦门、福州、宁波、上海为通商口岸。此后,德意志的邦国普鲁士王国、萨克森王国在广州设立了领事馆,首任领事为巴甲威(又译卡·佛慈)。1845 年 10 月,巴甲威与在广州经商的德国人海谷德合资创办了礼和洋行(Carlowitz Harkort & Co.)。最初,礼和洋行主要代理欧美轮船、保险业务,并逐渐发展起来。后来的二十多年间,礼和洋行的股东曾几次发生变化,但名称未改。

1866 年、1877 年,礼和洋行香港分行、上海分行相继成立,在中国的生意也在增速。礼和洋行进一步拓展进出口贸易,他们把中国的猪鬃、桐油等销往欧洲、美洲、澳洲、非洲等地;再将包括德国在内的欧美国家的五金、染料(纺织品染色颜料)、机器、电器、照相材料等运到中国,从中获取利润。如此营生让礼和洋行仍觉"不解渴",于是又为清廷以及民间政权进口军火,由其独家代理的德国克虏伯炼钢厂的武器、机器、机车等,被源源不断地转运至东方。

大发横财的礼和洋行有了资本积累后,他们有鉴于中国沿海口岸发展变化与前景,将目光集中到了上海。1887 年前后,礼和洋行上海分行变更为总行,地点在江西路(近九江路,今江西中路)。1898 年,礼和洋行在此兴建新的办公楼,历时数年建成。此楼高 4 层(连屋顶层为 5 层),在当时的上海洋行中堪称最大。据 1904 年的《德国建筑报》记载:"在靠近市中心的地方,出现了越来越多的商业办公和居住有机结合起来的楼房。这幢新近落成的具有多种功能的上海第一家德国公司——礼和公司高耸的商业大厦就是一例。"1924 年 4 月 27 日的《申报》报道:"德商礼和洋行,其旧居在江西路 18 号。近在四川路苏州路转角,自建五层高大楼房,业于前日迁入,并发柬请各界参观……屋顶可以俯瞰苏州河全景,与隔岸邮政局新局遥谛,风景极佳。"文中的四川路即今天的四川中路。

礼和洋行的销售网络不断扩张,先后在天津(1886 年,一说 1891 年)、汉口(1891 年)、青岛(1902 年)、济南(1906 年)、沈阳、南京(1930 年)设立了分行。其中,天津分行位于在英租界海大道(今大沽路)。

礼和洋行做生意不在乎大小,只要能获利就好,比如卖缝衣针。1884 年 1 月间,礼和洋行在《申报》刊发广告称:"兹本行自运英国上等坚钢洋针,身子纯熟,比众不同,以蒙各省城乡市镇,四远驰名。今

图 2-7 礼和洋行商标

本行格外加工精细,拣选从前之患。每箱十万枚,如贵客合意者可向本行面订可也。"

自 19 世纪 70 年代开始,中国国内的机器织布业逐渐发展起来,土布印染市场对于染料的需求不断增加,销路广阔。这一时期,礼和洋行、禅臣洋行(德商)等将德国染料代理到中国,委托上海一些洋广杂货商号来销售,如此不仅开发了新市场,还培育了中国沿海城市的相关商业,及至专营进口染料的颜料行、染料庄遍地开花。1900 年前后,礼和洋行又带来了上好的靛蓝色。中国民众日常用度尤其喜欢蓝色,靛蓝很快风行城乡。从此,靛蓝成为礼和洋行染料业务的主打产品。

笔者收集到的纸礼和洋行的老商标大致是清末使用的,原本贴在靛蓝染料罐外,商标与广告作用凸显。画面中是一家染坊正在晾晒深蓝色布的情景,伙计刚刚晾好长长的一匹布,这时候东家老爷来了,他指着布匹,好像在说:"此靛真好,永不变色。"而这一句正是礼和洋行的广告语,被清晰地印在了标签上方。不仅如此,画面左右两侧还写明:"礼和洋行始创,染法内有仿单。"意思是说,这种颜料是我们首创的,顾客可以放心使用,至于具体用法,罐里有说明书可参考。

笔者曾见一张礼和洋行的老仿单,其上悉心称,靛青粉在中国畅销已久,但有的染坊在使用时仍不得要领,特此重新说明:"染时须将布物用棓子水浸透,然后放入颜料缸内,染毕必须再用棓子水浸洗,庶可永保不变色之虞,无论太阳晒,肥皂水洗等情,决不泛红。故特加此仿单,请赐顾诸君照此仿单染法试之为幸。"这里旧称的"棓子",即五倍子,是盐肤木上一种特有的蚜虫寄生虫瘿,是传统中药材,早在《山海经》中就有记载。五倍子的提取液也可用于染色,使颜色染得更深,牢固度更好。想来,洋商也是有趣,染料再好还是需要依赖于我们老祖宗的老药材啊。

名噪一时的顺全隆洋行

　　清末时期,德国商人在天津开办的顺全隆洋行曾名噪一时,还有知名买办(从事中外双边贸易的中国商人)于此间供职、往来。几年前笔者便注意到该公司的名字,然岁月荏苒,所见史料语焉不详,所以更渴望寻到相关故纸。百年故纸大可作为独特的一手"文献",便于揭开尘封,一睹其详。近日避疫生活,实在让人有些发闷,好在上上网还能慢慢浏览自己喜欢的藏品。无独有偶,不散的机缘让笔者"猎获"顺全隆商标故纸,且目睹几样旧物,恰可钩沉点滴。

　　顺全隆洋行何时入津?该商号最先设于上海。普法战争(1870—1871)后,德商在沪开办洋行之势发展迅速,至清同治十一年(1872)已达40家,次年,德国人迈林克在上海开办顺全隆洋行,初址位于广东路,后来迁到九江路。《上海对外经济贸易志》中"洋行、买办"一节载有顺全隆之名。当时有段故事可资:光绪八年中期(1882年6月),顺全隆到上海法租界会审公堂控告当地盈泰丰洋货店,诉其冒牌销售顺全隆制造的双斗鸡牌自来火(火柴),此案也成为晚清一起较典型的涉外商标侵权纠纷。

　　清末天津商贸繁盛,鉴于业务需求,顺全隆洋行落足上海不久即在津开分号。来自浙江镇海的宁波帮商人严蕉铭曾是老天津的著名买办,据《浙江民国人物大辞典》载:严蕉铭"初在上海任美商旗昌洋行买办,1882

年至天津,先后任顺全隆、禅臣、绵华、立兴等洋行买办",他与李鸿章、袁世凯等也广有交往。另外,在天津顺全隆供职的大买办还有刘显哉。据此推算,天津顺全隆大致开设于1873年以后、1882年之前。

天津顺全隆洋行地址在哪儿?暂未见详确记载。可关注的是,天津市政协文史资料研究委员会编、天津人民出版社1986年6月出版的《天津租界》一书中谈到比利时租界时表述:该租界"面积为740亩,但划入比租界范围内的土地,内有属于洋商世昌、信义、顺全隆各洋行所有之土地191亩……"顺便一说,比租界始设于光绪二十八年(1902),位置在旧年十五经路、海河东岸、小孙庄、大直沽中街一带。

天津顺全隆经营范围广泛,比如进口欧美、澳洲所的白糖、大米、小麦、钢铁、五金、纺织品、纱线、颜(染)料、钟表、药品、杂货等,甚至还有一些军工产品,又代理几家外商保险公司的保险业务。与此同时,他们将中国所产丝绸、羊皮、羊毛、油脂、棕麻等贩运到西方,来来往往,大为获利。顺全隆洋行不仅在沪、在津发展,且将分号开到广州、香港。第一次世界大战期间的1917年8月14日,段祺瑞执掌的北洋军阀发布《大总统布告》以后,中外时局动荡,德商背景的顺全隆洋行受到波及,天津行歇业,至20世纪20年代初恢复营业。

图2-8 顺全隆洋行商标画突出中国传统文化

进口纺织品来华是天津顺全隆的重要业务,洋行要为布料换上新包装、新商标,贴合中国顾客审美,也算

"入乡随俗"。如清末有得胜图牌,商标上画着山下有一群猛牛奋力向前冲,山上有将军一边摇旗呐喊,一边瞭望两军阵前。又如三才子牌,画上绘有明代文人解缙、杨慎、徐渭聚于案前舞文弄墨的情景。还有弄孙点额牌,画中故事出自《北齐书·文宣帝纪》,"点痣"通"点智",即开启智慧的意思。再说颜(染)料,德国货素来品质佳、品种多,天津织染工厂、民间用量很大。顺全隆照例用花铁罐分装染料,比如一罐上画着麒麟送子图与双喜字,盒盖上还标着"上上第一"字样,权为广告。另一种红色染料的标签上画猛虎,暗喻品质、生意雄强。

顺全隆另将各样座钟、闹钟、怀表进口到包括天津在内的中国市场,其产品一般是在瑞士定制的,表上有"顺全隆洋行"汉字标记。顺全隆在天津还经营进口铜纽扣,有高档的甚至是镏金的。纽扣正面常见中国传统吉祥图案,如"五福捧寿"等,另所见藏友收存的纽扣背面也有顺全隆洋行标记。

世昌洋行旧事

　　笔者在网上淘到几样 20 世纪初德梅颜料厂、大德颜料厂的染料商标故纸,染料皆由德国进口。德国染料素来享誉世界,我们聊过曾让几代中国人难忘的"阴丹士林"染料与色布。在化学合成染料发明前,人们所用染料皆从天然物质中提取。1856 年,英国化学家帕琴在试验中偶然发现了一种紫色染料——苯胺紫,并很快投入生产,合成染料业由此开端。后来,德国化学家格雷贝与利伯曼合成出茜素(1868 年)、拜尔合成出靛蓝

图 2-9　德国老洋行的染料商标

(1880 年)、博恩合成出阴丹士林蓝(1901 年),他们的发明不仅成为相关领域发展的里程碑,也使德国染料业赶上并超过英国,进而走向世界。

自清末民初以来,德梅颜料厂、大德颜料厂的染料由天津世昌洋行代理在国内销售。1860 年天津开埠后,西方列强纷纷在津设立租界。所谓洋行,就是外商在中国开设的以代理进出口贸易为主的商号,有些商号不一定从事进出口业务,但也被国人统称为洋行。洋行在津发展较快,仅数载后的 1867 年,天津已有洋行 17 家,包括英商 9 家、俄商 4 家、德商 2 家、美商 1 家、意商 1 家。德商世昌洋行便是其中之一。

世昌洋行的经营不仅仅局限在染料一项,对于近代天津城市进步,特别是电力发展,世昌洋行尤其值得一记。1888 年夏天,世昌洋行在天津英租界内的绒毛加工厂(维多利亚公园附近)的打包机上,利用机械动力安装了一台小型直流发电机,电力除供厂内照明外,还提供给邻近的荷兰领事馆使用。津城用电由此开始。

又据《天津通志·租界志》载:“亚细亚火油公司在天津的业务原由德商世昌洋行代理。”火油,即点灯所用煤油,生活必需品,世昌洋行因此获利颇丰。不仅如此,枪械火药进口也是世昌洋行的重要生意。近代以来,中国枪械主要源自德国、西班牙,经上海、天津等地的洋行舶来。《天津通志·大事记》中表述,清同治四年(1865),“四月二十九日,承崇厚托办,德商世昌洋行代购洋火药 240 桶运到天津”。另外,北洋政府陆军部历史档案中有份 1924 年 9 月 10 日文件,就是该部与天津世昌洋行签订的,陆军部需购枪支、子弹及配件等,“共计价洋十一万九千元整”。除了石油、军火,世昌洋行也注重小生意,德国钢针(缝衣针)锋利耐久,旧年天津乃至三北地区市场所卖的上好钢针绝大部分是由天津世昌洋行进口而来,为民众带来方便。

顺便一说,目前文史资料中也有比(利时)商世昌洋行、美商世昌洋行之说,且涉及 1904 年天津电车电灯公司的发端等,暂不述。

具体到笔者所藏的几张老商标,由于年代较久,画工的朴拙气息分外

图 2-10　世昌洋行大德染料厂商标

浓郁。德梅厂的商标图上画着一艘遇到了大风浪的官船,船体倾斜,船帆已落,一位官爷正在随从的搀扶下慌忙登岸,他的妻女家眷也紧随其后……该厂另一张故纸画面更像乡间生活小景:身穿红衣白裙的德国妇人刚染好一件黑色衣裳,挂到晾衣绳上不久便引来三只白鹅,白鹅欲叼走新衣,妇人急忙转身,张开双臂,大呼小叫地驱赶。大德厂的老商标,画上绘有三只羊,于山脚溪水畔或立或跪或卧,远处有朝阳升起,大有三阳开泰吉祥意。

"万金油大王"在天津

20 世纪 30 年代,鼎鼎大名的南洋虎标永安堂就已在天津、上海、汕头、福州等十多个城市先后建立了分行,天津分行位于繁华热闹的法租界马家口春和戏院(现工人剧场)对面。永安堂良药万金油、清快水、头痛粉、八卦丹被人们称之为夏季"四宝",家喻户晓。

永安堂的创始人胡文虎(1882—1954)在华侨社会和国内享有崇高声望,是人所敬仰的爱国侨领,他的一生充满了传奇色彩。

胡文虎的祖籍是福建永定下洋中川村。胡文虎出生于缅甸仰光,10岁回中川读书,后来又赴仰光,在父亲胡子钦开设的永安堂药行里一边学习经商,一边钻研医药知识。清光绪三十四年(1908),胡子钦去世,胡文虎与胡文豹兄弟继承父业,并决心谋求药业的革新与发展。他们出国考察中西药业,开阔眼界,在祖国传统医学的基础上结合南亚古方,将胡家原有的提神解暑的中成药"玉树神散"改良为外抹内服兼可的万金油,同时创制了八卦丹、立止头痛粉、清快水和止痛散等成药。这系列新药便于携带,价钱低廉,旋即畅销国内及东南亚,胡氏兄弟由此发达。

1923 年,胡文虎在新加坡设立了虎标永安堂总行和制药厂,生意蒸蒸日上,随后又在马来西亚等地开设分行。1932 年,永安堂总行迁址香港,广州、汕头的制药厂也相继开工。胡文虎乘势而上,很快将分行开遍包括天津在内的中国、东南亚各大繁华城市,万金油的年销量达到 200 亿盒,其顾客达到全球人口半数以上,胡文虎缘此博得了"万金油大王"的美誉。

胡文虎对祖国和家乡怀有深厚的感情,九一八事变、一·二八淞沪抗战相继爆发后,胡文虎与广大海外华侨一样,爱国热情空前高涨,胡文虎捐巨资、赠良药,支援抗日将士。

英雄　救国　保护　虎标　请用
雄　国　护　药　标　用

图2-11　永安堂广告

1932年,曾发行到天津的一本永安堂广告宣传册很精美,画面紧扣时代脉搏。有个恬静善良的女护士手托一盘永安堂药品,所配的广告题目为"请用虎标良药,保护救国英雄"。附属文字殷殷道:"英雄去救国,侬(你)来救英雄,芳心无限热,尽在良药中。"宣传册中还有以生活场景为主的画面,既生动又朴实,具有较强的广告亲和力。如,一位娇颜玉肌的小姐安坐于沙发中,样子含情脉脉的,文字说:"又肥又白又嫩又红,无疾无病常在乐中,问她用何方法得此,按期服清快水有功。"

胡文虎于1934年来到天津调研,以期进一步开拓以天津为代表的华北市场。胡文虎对天津市场的管理人员说:"赔钱若赔在广告上,赔得对,你们不用管,提成照拿,事业一定要发展下去。"随之而来的永安堂广告更加迅猛,各种媒介齐头并进,宣传方式多种多样。他们在火车站、铁路沿线设置广告,惠中饭店、北门外等繁华热闹街区的高大建筑物上也随处可见"旗袍美女与老虎"的画面。

1936年是永安堂药品在天津的旺销期。在当年《北洋画报》第四版的中心位置,读者均可读到一段段随笔式小文,它平和、自然,静静地向读者宣传着虎标良药。

如《散弦》一篇描写道:"聪明的女子不论伊在如何狂热地吻着伊的爱人时,但伊总不说:'我向你发誓,永远不再爱别人。'在灯彩满堂的结婚典礼中,新娘的心理除了横溢着骄和快意的心情外,还会兜起了心头的同一层微妙的哀感。药品的好坏,看广告是不足为凭的,一定要尝试过后才能分晓。永安堂的虎标良药之所以风行天下,无人不用,就是因为经过无数人的尝试以后,无不灵验的缘故。"

如《少女日记》记述:"今日放学后,同着菊,看影戏。进门时,有一个男子死盯着我,真叫人好难为情。想不到我进院坐定后,那一个刚才盯我的男子竟又来坐在我的右边。我心里怦怦地跳,今天出门时辰不好,所以才碰到这种事。还有叫人更难忍的,是那个男子的气还臭得很。幸得菊带了虎标八卦丹,我忙把它含到口里,才觉到一阵芬芳,赶走了周遭的臭气。"

当年,天津分行还印行有一本彩色宣传册,封面上不仅有娇艳美女和威威猛虎,时任国民政府主席林森的题签"活人寿世"也赫然其上。册中的立止头痛粉广告很吸引人,出镜的女士正是当红明星黎明健(即于立群,郭沫若夫人)。不仅如此,包括于右任、蔡元培、冯玉祥、孙科等显赫人士的题词也纳入册中,足见永安堂的非同凡响。

图2-12 永安堂的现代版
"美女与野兽"

探"LUX"之谜

笔者有一个20世纪30年代力士香皂的包装盒,盒面设计充满现代感,图画香艳,右侧见金发朱唇美女穿着玫红吊带裙,她手里正托着一块香皂,貌似刚出浴的样子。背景为蓝色调,巧妙映衬了女子与香皂的润白;蓝底上方又有一明黄色带与白色弧线条,好似窗帘幔帐,营造出温馨之感。盒面左侧示"LUX TOILET SOAP"字样。盒侧四边接续了面板色彩,蓝色深浅交替,与整体风格协调一致。

此包装盒的诞生有实档。笔者曾见一份1933年6月实业部商标局的《商标审定书》,内容为英商驻华利华肥皂有限公司呈请注册"力士香皂"盒样商标,文件未加盖"实业部商标局"印,未见局长签名、图章。文件上贴附的盒标样本,与笔者手边的实物盒一模一样。

"LUX"品牌引人兴趣。笔者长期关注旧年流行生活史,特别是女界摩登轶事,曾历时十年撰写"时尚回眸"专栏并出版过几本专著,对品牌往事还是知道一点的。但岁月长河深不可测,点滴发现也常常在不经意间,无独有偶的是,近日笔者在天津解放北路18号楼巧见"LUX"踪迹,后经了解与搜索,发现竟少有人注意到楼门的这一标识。

这栋洋楼旧称光明大楼,曾名小雅克多利亚大楼,目下史料称其建于1932年。它占地面积约300平方米,建筑面积约2400平方米,简洁挺拔的楼宇主体六层(局部七层),是钢筋混凝土框架结构公寓楼,内有电梯、暖气、地下室,为单元式住宅。仔细欣赏其外貌,弧形的外窗,抹角处理的阳台,还有外墙上的花池、装饰柱等依旧漂亮,建筑整体呈现折中主义(也称折衷主义,19 世纪至 20 世纪初欧美复古理念)风格。现下高楼林立,光明大楼的体量便显得"微不足道"了,又加之公寓原始属性,今人难免忽略了对它的关注。殊不知,它曾是老天津楼宇的亮点,20 年代末 30 年代初,全津超过七层的建筑屈指可数,其中就包括劝业场(七层,1928 年建成)、光明大楼、渤海大楼(十层,1934 年建成)等。

这栋洋楼最吸引笔者视线的是阳台铁艺护栏和入口铁艺大门,尤其是后者,各种装饰花样穿插其间,如蕾丝一般精致,尽管线条间已落满灰尘,但瑕不掩瑜。门楣上有一条横向方框,框内镶"'LUX'"字母,其左右对称置"34"数码。

图 2-13　力士香皂包装盒

LUX 为照明单位,即光照度(通常所说的勒克司〔斯〕度),表示落在单位面积上的光能。此说倒与大楼命名"光明"相吻合。那么"34"是门牌号,还是大楼落成于 1934 年的缩略呢?

有趣的是,LUX(力士)又是一国际品牌,力士香皂很早就受中国时尚女性青睐。LUX 在拉丁语中是"光"的意思。力士香皂的前身出品于 1889 年,最初仅生产洗涤用肥皂,名曰"阳光薄片",几年后更名 LUX。相关官网称,"1924 年力士成为最早进入中国的国际品牌"。据《上海轻工业志》之《总述》记载:"第一次世界大战结束后,外国商品和资本卷土重来……英国利华兄弟肥皂托拉斯开办的中国肥皂有限公司生产的祥茂牌洗衣皂、力士牌香皂,占上海肥皂总产量的三分之二以上。"以上海为基地,力士香皂擅长与摩登女星牵手大肆做广告,还多次推出选美活动,且在 1934 年出版过《中国电影女明星照相集》广告画册等。由此推动力士香皂以十里洋场为先锋市场,迅速畅销于中国沿海发达城市。当时,天津是与上海齐肩的南北时尚都市,力士香皂同样受到津门时髦女子的青睐,广告充斥报端。

难道光明大楼曾是 LUX 相关公司在津下属洋行的办事处或职员公寓?查阅目力所及的史料、故纸及同时代的天津电话号码簿,不得解。笔者曾再次寻访光明大楼,但因新冠肺炎疫情无法进入,在门口等到几个居民,可知情的原住户已不多或语焉不详,从口述史层面考索只能再等机缘。也许,"光明"楼名与香皂品名毫无关系,纯属巧合。不过,相信这"LUX"之谜是暂时的,知晓其身世的朋友一定在广大读者中。

"阳光少女"葡萄干

　　笔者曾见到的一张葡萄干广告画很漂亮,这是 1928 年末美国葡萄干公司在中国推出的 1929 年月份牌广告,尺幅四开大小,印刷精致。

　　图中草坪上大树下,一美少妇正带着小儿郎消闲。那女子梳着刘海儿,戴玲珑耳坠,穿着大花半袖旗袍。男孩是西式打扮,白色半袖 T 恤,蓝色短裤,配高筒运动袜,他手里拿着小皮球正在玩耍,画面温馨。右下方绘一盒葡萄干,与"美女牌葡萄干香甜滋补,第一补血妙品"等广告词相配,同时另附 1929 年年历。

　　按画中红色葡萄干包装盒上的英文"SUN-MAID"标示,这是"阳光少女"品牌。这一品牌的葡萄干诞生于 1915 年,来自美国加州弗雷斯诺,那里的山谷盛产葡萄。阳光

图 2-14　美国葡萄干广告

少女牌葡萄干大多选用汤姆逊无核葡萄晾晒,这种葡萄皮薄肉多,香甜可口,每年八月采摘后在阳光下晾晒二到三周,过程中要反复翻转,确保葡萄串得到相同的光照,这样,大致每4斤鲜葡萄制成1斤葡萄干,品质自然出众。

美国葡萄干公司约20世纪20年代初来到上海,在广东路33号设立了东亚销售总部,且当时尚无同质公司。美味也怕巷子深,美国商人随即在上海报纸、杂志、电台、街边路牌、闹市霓虹灯等上大做广告,接二连三地以滋补、补血为主题进行宣传。公司还请到沪上大名鼎鼎的商业美术画家谢之光为他们画过一幅条屏式广告画,表现了亭前树下阳光少女怀春的小情调。当时,该公司打出了一系列广告语,如:"美女牌葡萄干香甜清洁,为粮食中最有益者,味略酸助消化,常食之能养血。"又云:"美女牌葡萄干粒粒肥大鲜洁,愈嚼愈有味道,不独味美香甜,又能补血养身。"洋商勤于调查,他们发现我国民间婚庆时爱吃喜糖喜果,于是便在广告中巧妙提倡:用美女牌葡萄干代替旧式杂粮喜果,当场能吃,既香甜又吉利,定会受到亲朋好友欢迎。很快,许多上海人接受了这一新思路,葡萄干销量节节上升,销售面从上海扩展到江浙,乃至全国沿海各大城市。

"阳光少女"来到天津后,商家曾在《大公报》上连续发布广告,仍以美人与补血为主题要素。与此同时,广告还不断为读者与顾客拓展思路,比如在广告中以图文表明,用葡萄干还可以做八宝米饭、蛋糕等。20世纪30年代,这种葡萄干由天津兴隆洋行(德国商人吉勃里1898年创办,1920年前后由买办高少洲经营)代理经销,业务遍及直隶全省。"阳光少女"葡萄干行销至今,魅力不减。

推销轿车忙

清光绪二十七年（1901），一个匈牙利商人千里迢迢将两辆时髦汽车引进上海，开启了我国交通工具的电气时代。进入民国以后，沿海开放城市迅速发展。20世纪二三十年代，汽车广告与明星淑媛美照常常充斥在报刊头版，在此诱惑下，天津的爱车一族对汽车的追求已不仅仅局限于速度，他们更看重车子的舒适与华丽感，以享受生活。

天津法租界大法国路（今解放北路）的中央汽车公司在20世纪20年代初就将莱纳脱轿车开到了海河边，他们宣称："所有该牌一切零件无不全……包修汽车，工作精固。"与此同时，莱纳脱的特种车也是当时"中国仅见之最大汽车"。这种敞篷轿车可乘坐35人左右，是军警界热衷的款式。1930年的夏天，莱纳脱轿车将最新消息在第一时间告诉天津时尚人士，这种新款车已经将水箱装置在车头，成为了"举世无敌"的品牌。

1921年11月，美商慎昌洋行以《文化与汽车》为题推销美奔牌汽车。广告称："马车固在淘汰之列，汽车亦未尽善尽美。惟有美奔电汽车较普通汽车更进步更完美，纯用电力行驶，既无煤油之恶气，又无扰人之声浪，平稳安静，雅洁迅速，诸君一试，当知文化嬗进，事物日新，汽车固非马车所能比拟，而美奔电汽车又非普通车所能望尘矣。"威利牌四门轿车则说："夏可乘凉，冬可御寒……装有玻璃窗，光明透澈，驰骋无声。"当时的许多名车都在车窗上装设了毛绒窗帘，用来保护车主的私密空间。

天津公懋洋行以推销"为官厅所赏"的道济牌商用车为主,他们在广告中详细列举了该品牌汽车在世界众多发达地区的使用情况,并说明商用车不同于普通轿车的优点,比如车身更加宽大、坚固,助力更加迅猛,青睐人士既可以省钱又有可靠的保证,"每公里费用之省颇足惊讶"。1926年公懋洋行便很有远见地向读者提出了这样的问题:"从今天起始,一年后,两年后,五年后,贵车的价值如何?"当然,其潜台词是大家不用顾忌,道济汽车耐用保值。

1927年夏天,知名的辉白牌四缸、六缸"老爷派儿"轿车在津面市,对它的宣传紧随其后:"又便宜又壮观又时髦……在京津一带销售甚多,路上随时可见。"1934年的新款纳喜牌轿车、雪佛兰牌轿车更是吸引着潮人们的目光。有的轿车为顾客想得周到,告知买家不要光为了省钱,还要注重安全。"其好处是四个轮子都有闸,可以免除危害。要知道前轮没有闸的车,已是新时代中落伍的车。"紧跟着的噱头说:"一辆好车确是新年最好的礼物。"

当时经济拮据的人一样可以享受轿车的时尚与便捷。20世纪20年代初,天津就已经有了轿车租赁业务,有多家专业公司经营。比如永庆公司当时的报价为天津市区内每接或每送一趟需要1.5元大洋。

图2-15　洋商1919年在《大公报》推销汽车

第三辑

闲情时尚

天华景上演《西游记》

京剧连台本戏是天津非物质文化遗产，谈此，一定会说到老天津最棒的连台本戏《西游记》。笔者收藏有一份 1941 年 12 月 16 日的劝业场天华景大戏院的戏报，通过广告获知当天的午戏（早场）有《清河桥》《马上缘》《胭脂褶》和《大侠白泰宫》等；夜场上演《滚鼓山》《西游记》。天华景大戏院对演出可谓倾尽全力，"稽古社子弟科班全体学生一百余人日夜登场同时表演"。其中，后来成为京剧名家的张春华曾在《西游记》中扮演肚子鬼，贺永华在其中饰崔珏。

天津素以中国北方戏曲之乡闻名，京、评、梆在这座城市中有着丰厚的传统，早在清光绪年间，梆子戏就已在天津兴起。当时，天津有位姓顾的驯马师非常喜欢梆子戏，他服务于外国人和马场，成为富户后在紫竹林一带置地建屋、建花园，并创办稽古社，招收了几十名孩童学员组成科班。顾家花园内的天华锦小戏园也不日落成，学员们的技艺精进，演出好评如潮。

进入 20 世纪 20 年代，随着天津商业和娱乐中心向法租界、日租界的转移，顾氏的稽古社与天华锦逐渐衰微。但是，他们的名字已在一个人的心目中留下了深深的烙印。他就是劝业场的创办人高星桥。

高星桥在 1928 年劝业场开业之时就将四楼的戏园命名为天华景。之后不到一年，高星桥之子高渤海在此组建戏班，并沿用了稽古社的名字。稽古社并非劝业场首创,但在这里得到了最好、最快的发展,成为劝业场乃至天津文化娱乐业的一大品牌。

高星桥懂戏、爱戏且知人善任,很快结识了包括刘德珍在内的一些知名演员。此时正是京剧艺术发展的全盛时期,天津人对京剧如痴如醉。高星桥、高渤海父子调动演员的积极性,以发挥每个人的最大潜能,他们白天上演折子戏,晚上演出连台本戏,长短结合,效果显著,天华景大戏院日日高朋满座。

戏报广告中的《西游记》是天华景当年的重头戏,戏单表明的主要演员多达26人。天华景为打造这出戏真是费尽心思,这一点特别在舞台布景方面显得尤为突出。唐僧师徒赴西天取经的过程中,背景时而是崇山峻岭,时而是湍急的水流,他们不畏艰辛的形象被烘托得淋漓尽致。孙悟空大闹龙宫时,龙宫的景色精美异常,玉树琼花,异彩纷呈。最让观众叫绝的是流沙河收沙僧一段,演员在表演过程中还插映了天宫影院(劝业场"八大天"之一)带领演员在外景拍摄的电影画面,妙趣横生。

图3-1 天华景戏报

稽古社在劝业场创办以来,在天华景的一些演员的少年弟子相继入社学习,如张春华、刘俊华等。1936 年,北京名角陈富康也将几十名艺徒带到稽古社。师傅用心,学员刻苦,天华景戏台生机盎然。像《西游记》这样的连台本戏在 1940 年前后已是稽古社"华"字辈演员完全可以胜任的了。戏单广告显示,在《西游记》的 26 名演员中,除了第一代"华"字辈子弟外,6 名第二代"承"字辈学员也已登台。稽古社子弟班是民国时期天津最大、最完备的科班,培养了众多京剧艺术表演人才。在高星桥的倾心打造下,天华景的发展如日中天,在天津家喻户晓。

1941 年 12 月前后,天华景大戏院午场和夜场的票价相同,四楼、五楼一律 4 角(大洋),六楼只要 3 角,孩童也需购买全票,随票还代收 1 角茶水费。包厢票价较贵,为 3 元 8 角,茶水费包括在内。

天华景一直是中国演艺事业的重要舞台,骆玉笙、马三立、新凤霞等名家曾纷纷在此献艺。

引人关注的《明星影录》

茅盾在《子夜》里这样描述吴老太爷的二女儿："淡蓝色的薄纱紧裹着她的壮健的身体……袖口缩在臂弯以上,露出雪白的半只臂膊……"而吴老太爷在上海的街面上看到了"一位半裸体似的只穿着亮纱坎肩,连肌肤都看得分明的时装少妇,高坐在一辆黄包车上,翘起了赤裸裸的一只白腿,简直好像没有穿裤子"。茅盾接着写道："万恶淫为首这句话像鼓槌一般打得吴老太爷全身发抖。"

读到这一段,笔者联想起多年前购藏一纸民国版《明星影录》的情景。那是在天津文庙旧书市场,曾有一段时间,笔者每周去那里都会看到一处摊子前挂着个小镜框,里面镶着一张泛黄的故纸,画面上用简洁的粗线条勾勒出一个侧身的"裸女"揽着天上星星的场景。此作黑白分明,如同版画,引人注目。大概是小半年的时间,笔者发现"裸女"一直在那孤零零地飘摇着,貌似始终没找到合适的"婆家"。毋庸置疑,这张故纸价钱不便宜,以至于别人"摸不动"它。笔者看了几次,早已知道它是影院的广告传单,也专门了解了相关的背景资料。犹豫再三,咬牙跺脚花钱购下,据为己有之后便不再"馋涎欲滴"了。

此广告实为 16 开折页,是 1929 年 5 月天津明星影院印行的一期新片推介广告单,"裸女"正是封面的主角,颇具海派开放的风格。折页中除几部影片的图文之外,还有二三家商家的广告。影院非常精明,拉别人的广告来完成自家的广告。同时,这也说明当时的《明星影录》是具有一定发行量的,如若不然,哪个商家会花冤枉钱上广告呢?

细说起来,在封建时期的中国,女子身体的裸露一直被视为洪水猛兽一般。辛亥革命以后,女界最重要的变革是放足、剪发、放胸。在五四运动新思潮的影响下,古希腊的裸体艺术成为青春、健美、正义的象征。那时,以刘海粟为主角的"模特儿风波"在全国引起轩然大波,沸沸扬扬,历时数年。其实这

图3-2 新潮的《明星影录》

不只是艺术上的争议,更涉及中国人,特别是中国女性解放自己身体的心理斗争。

西风尽吹下的中国女子服饰也在变革,女性越穿越少,局部、适度的裸露随之成为20世纪30年代大城市女子的一种时髦。1928年的一天,天津一家造胰公司在法租界泰康商场橱窗内搞了一次裸体女子洗澡的活动。泰康商场门前人山人海,观者如潮,而模特也确实如宣传的那样一丝不挂地进行着表演。造胰公司立时声名鹊起,同时也招来诸多非议。

《益世报》以《陈列裸体女子有伤风化》为题对此举进行了批评，并要求有关方面应采取相应措施。另外，1931年的《新家庭》杂志上已出现"裸装"一词："海上有研究妇女服装者，更倡打破礼教虚伪的装饰，而渐趋于西化的裸装。"裸装直接刺激了泳装款式的变化。

每个时代都有自己的流行与风尚。唐代女子以稍胖为美，看看那时的仕女图或杨贵妃的模样就晓得了；时下女子以骨感、性感为荣，"减腰减腹减脂肪"的广告语不绝于耳。那么20世纪30年代大城市的小资女子呢？

在20世纪30年代上海滩的审美观中，美女要脸若银盘，"天方地圆"，似乎这样才是端庄富态的理想状态。大明星胡蝶堪称最佳的"范本"，她皓齿明眸，肤如凝脂，丰满有型，标准的面庞上还有两个小酒窝儿，笑起来俏丽迷人，既稳重又不失甜美。再来看看当年的先锋杂志《良友》吧。那上面的女子白皙的胳膊与腿脚好似面团一样，非常富态。以上海为先，开放的人文思想为丰腴美、立体感的展现提供了很好依托，于是，相对薄露的时装与穿着范式出现了。街上的旗袍美女展现出来的两条胳膊浑圆敦厚，骨肉均匀，显现出健康之美，这正是西风东渐以来妇女思想解放的重要标志之一。

广告时常会在第一时间反映时代审美的风向，20世纪30年代的海报、月份牌画中不乏摩登的半裸美人，她们以薄纱布帛略遮盖胸部，展现出丰满性感的风韵。在老上海中法大药房的《美女与游船图》中，执伞少妇的短裙已经短到极致，两条腿雪白光润、粗壮健美。永安堂万金油广告上的女子，她穿着紧身内衣抚弄着波浪发，曲线凹凸的体态充满美感。

对于这种变化，老年间的《上海鳞爪竹枝词》中有道："胸前高耸有峰痕，背后还翘一大臀；窄袖短衣双臂露，登徒哪得不消魂。"林语堂在《中国人》一文中曾为此惊叹："对于妇女的幽禁已经一去不复返了，其速度之快，使那些十年前离开中国，现在刚刚回来的人感到惊讶。"茅盾在《子夜》里也详尽地描述过那时上海滩女子光怪陆离的生活状态。

随便翻开 20 世纪二三十年代的报纸，女人图画广告星罗棋布，香烟广告、药房广告、化妆品广告、影剧广告，到处弥漫着脂粉的气息。有些广告与女人毫无关联，广告画家却硬生生地送上美女，让人感到有些莫名其妙。当时报纸上曾报道过一个自命不凡的广告从业者，他认为："广告之效力在于触目，广告用女人，最易触！"有作家针对于此讽刺道："女人！自然多少具有些诱惑性，女人画得美丽，那么它的吸引力当然更大！如果再画成个裸体，加上两句牵强附会的文辞，那么这广告愈使得阅者触目了！"作家愤愤地认为，一些牛头不对马嘴的"女人广告"是在"侮辱女性"，让人贻笑大方。

自清末年以来，沿海开放城市在中西文化的交汇中转型发展，阵痛的、奢华的、脂粉的、传统的，一切一切光怪陆离的人和事，成了生活史中的细节。如此，天津《明星影录》的出现也就不足为奇了。

生于天津的吕美玉卷入"烟草旋涡"

　　笔者收藏有一套老旧的香烟牌资料,小画片上的俏佳人让人有"怜香惜玉"之感。她是潘雪艳,民国时期在上海红透半边天的京剧名伶。

　　潘雪艳的大红大紫全赖大名鼎鼎的英美烟公司,以及源起自华成烟草公司的"美丽"牌香烟。据华成烟草公司老员工沈景柏转引沈钟瑾老

图3-3　印有潘雪艳时装照的香烟牌子

人(当年华成烟草公司协理沈星德之长子)在 1995 年撰写的《师桥寻旧》中叙述,华成烟草公司的经理陈楚湘偶然得到一张吕美玉(澹如)演出《失足恨》的半身剧照,觉得扮相动人,便以此为蓝本设计了烟标图案,并取名美丽牌香烟。

　　吕美玉出生在天津的一个梨园世家,她的父亲吕月樵因擅演京剧老生而闻名。吕美玉嗓音甜美宽亮,扮相华美端庄,真可谓肤如凝脂,领似蝤蛴,让戏迷与烟民无不痴醉。1925 年 3 月,美丽牌香烟隆重上市。它选用上等烟丝,配方悉心,

价格公道,最重要的是吕美玉的闪亮登场,为华成烟草公司带来了超乎预料的人气。美丽牌香烟上市几天就被抢购一空,厂商日夜生产,依然供不应求。

　　俗话说,同行是冤家。这态势让英美烟公司大为光火,他们不甘人后,公司广告部不乏高人,他们建议高层东施效颦,迅速培养自己的名伶,与华成与美人吕美玉抗衡。英美烟公司马不停蹄,经多方调研物色,将目光锁定在潘雪艳身上——含苞待放,欲红未红,极具潜力的京剧明日之星。

图 3-4　香烟盒上的吕美玉

　　当时,上海流行有布景的连台本戏,京剧泰斗周信芳麾下的《封神榜》《狸猫换太子》《徽钦二帝》与演员阵容最受欢迎,久演不衰,而潘雪艳正是此班底的顶梁柱。潘雪艳花容月貌,身手不凡,文武全材,在台上台下皆颇有人气。英美烟公司将其比喻为尚埋在土里的珍珠,假以时日定会光彩照人。一方求美若渴,一方投怀送抱,成交!经潘雪艳授权,英美烟公司使用她的照片来设计烟标、香烟牌以及各种广告。

　　不久,逢潘雪艳公演《龙凤帕》之时,英美烟公司借势推出新品芳华牌香烟,此烟里里外外都瞄准美丽牌香烟。"美丽"有吕美玉,那么"芳华"就推潘雪艳,先上市一套相对普通的蓝色单色印刷的潘雪艳便装照香烟牌,紧随其后又请摄影师为潘雪艳拍了一组户外照、室内照等,推出全套 40 枚香烟牌。画片背面简洁,有一束缠枝花装饰,中心内框文字:"此种画片附于英商驻华英美烟公司发行之香烟包内。"看点当然在正面,潘雪艳在公园、在郊外照 25 张,在影棚室内照 15 张。画中的她浓妆淡抹,眼波流转,嘴角含笑,身着四季时装,或坐在太湖石上,或轻扯披肩围巾,或侧倚回眸一笑,或手扶日晷,或对镜梳妆,或手托香腮,等等,时而贤淑端庄,时而娇羞可人,时而性感勾人……按时下的话说,简直美得"一塌糊涂",足可让看客瞬时跌入"温柔乡"。

两家烟草公司、两位名伶的"争宠战"就这样开始了,一度是哪里有"美丽",哪里必有"芳华";凡有美玉巧笑,必见雪艳秋波。佳人广告推进,爱美心理驱使,以至于在烟民中出现了"吕粉"与"潘粉"两派,各爱各的戏,各吸各的烟,两派甚至升级到只要见面,一言不合就大动干戈,成为一时的八卦新闻。

花无百日红。过了一段时间,芳华牌香烟的销售情况并非如英美烟公司所愿。一是受时局影响,广大顾客纷纷抵制洋货,而美丽牌香烟恰是一款国货,有天时地利人和的优势。二是烟草生意光靠吃"美人软饭"毕竟只能占一时风光,因为潘雪艳、吕美玉走红后都随即嫁人,告别了舞台,只有留下的一张张剧照、一枚枚香烟牌、一幅幅广告述说着往事。

女子爱美发

　　直到清朝末年，包括天津女人在内的中国绝大多数女性依旧梳着发髻，或横或竖，完全是"古董"的样子。辛亥革命以来，随着新生活的变革与发展，中西文化理念交互，以津城时尚青年女子为主流，她们敢为一头乌发标新立异了，刘海儿、短发、波浪发等随之涌现，撩动了流行的潮流。

时髦姑娘爱"刘海儿"

　　甩掉封建枷锁的束缚，有的天津时髦姑娘虽然还梳着髻，但在额前悄然留出了一绺短发，这就是后来津人俗称的"前刘海儿"。追根溯源，在古代雏发覆额的造型中可找到它的影子。有人说刘海儿最早流行于江南，肇始于1920年前后的上海，当时的青楼女子为标新立异、引人注意，除脑后的髻之外，特意在额前留出一簇头发，精心梳理。

　　20世纪二三十年代的天津码头对南来的生活新理念吸纳尤快，刘海儿发在本地年轻女子中流传开来。爱美心理使年轻女子不断美化刘海儿，于是乎，式样不同的一字式、垂钓式、燕尾式、满天星式刘海儿等相继出现。

图 3-5 《美美图》商标画上的美女发型很摩登

所谓一字式就是在额前留出长约两寸的头发,剪齐,一般长及眉毛,天津小孩多爱留此样,又称"童花头"。垂钓式也叫垂丝式,额发剪成半个椭圆形,好似新月垂挂眉宇。起初,垂钓刘海儿比较短,后来逐渐加长,尤其受到"求招眼"的女子的青睐。燕尾式呢? 额发与鬓发合一,额发从中间分开,然后弯成弧月形,再左右归拢到耳后,两片半月形额发像燕子尾巴一样。也有人说此发型早先流行于日本,后来传到中国沿海,传到天津,所以类似刘海儿又叫"东洋式刘海儿"。再说满天星式,满天星式的刘海儿较短,若有若无的样子,喜欢的人相对较少。姑娘们额头的刘海儿各呈美韵,天津有人称之为"美人髦"。

剪短发与爱司头

辛亥革命新风吹,男人纷纷剪去辫子,女人头上的发髻也散落了。当时有文人描述女性发型:"人人发样最难齐,或仿东洋或仿西;还有一般朝后刷,自夸我不落恒蹊。"这里的"不落恒蹊"即不因循守旧、不落俗套。有些天津姑娘在脑后梳起大辫子,旋即引发流行,特别受到女学生的喜欢。进而,简单朴素的辫子也翻新花样,比如在辫梢上编入各色丝绸、丝线做的辫穗,长长地垂在身后,既漂亮又灵动。

五四运动至20世纪20年代中期,天津知识女性接受着新文化启蒙,活得更加自我,加之受外国电影影响,女界兴起剪发风,全国大城市亦然,率先尝试的是演艺圈,还有必须赶时髦的交际花。那时女子剪短发不同于今天所说的超短,而是相对旧有的长而言,短发一般也要留到肩膀。天津思想进步的女学生、女知识分子呢? 有些人不愿每天在梳辫上花费更多时间,所以加入短发阵营中。与此同时,天津小百货头饰也多了起来,短发女子爱用缎带、发箍把头发束起来,显得既精神又漂亮。

然而,封建思想影响的褪去并非一朝一夕之事,在泥古的卫道士眼中,女子剪发被视为失节、反传统,岂能任由发展?于是一些地方相继颁布禁剪短发令。在天津,女子剪发似乎也成为一时的社会问题,坊间议论纷纷,报纸上的相关文章、讨论不断出现,可谓公说公有理,婆说婆有理,双方甚至针锋相对。但是,生活时尚仍在快步前行。

20世纪二三十年代,津城爱美女子的发型还出现了发髻下坠式样,还又衍生出S形发髻,俗称"爱司头"。爱司头也是从江浙传来的,是将脑后秀发用发夹固定成S状髻,有竖直S形、横式S形,前者也称桃子髻,后者又叫如意髻。爱司头风靡民国时期的江浙沪,在津流行尚且一般,但旗袍配爱司头也必是天津漂亮姐儿最摩登的打扮。

淑媛最爱烫波浪

尽管早在20世纪20年代初就有外国人在上海、天津租界里引进了新式西洋电烫发机器,但敢"先吃螃蟹"的女子毕竟是极少数,一是价格贵,要20元大洋左右;二是需要勇气,几十条电线连到头上好似受刑。

30年代好莱坞电影在我国沿海城市热映,摩登女纷纷效仿片中女星的发型,如此蔓延开来,电烫逐渐风行。翻看七八十年前天津报纸上的广告,抛媚眼的甜笑美女跃然纸上。不消说,她们多有共同的特点——烫着波浪卷发,眉目传情。这是催化流行的又一因素。

位于天津法租界30号路(今哈尔滨道)蓬莱春饭店西侧的一乐也理发厅清雅整洁,特别请来上海"手艺精巧"的名师主理,希望"高尚摩登士女尽兴而来"。当年的时髦电烫分为新式、老式,新式要8元大洋,老式要6元大洋,相当于三四袋面粉钱。而老式火烫、水烫只要8角钱,可问津的年轻人寥寥。绿牌电车道(今滨江道)上的中山理发馆是1929年开办的,随后也引进电烫机,1934年店庆时促销大优惠,新式电烫不仅比别人家便宜2元,还承诺保好八个月。法租界25号路(今辽宁路)上的紫罗兰理发店也有电烫业务,标榜的花样可不少,什么长波浪、中长波浪、油条卷、反翘式,让人目不暇接。大法国路(今解放北路)的明星理发店也有趣,比如同行广告上常画个美人图,但明星理发店反其道而为,将自家的"烫发专家张文海"英俊小生肖像张示出来。想必这技师名气不小,不然就变成以卵击石的下策了。

　　鉴于胆小女子害怕电线连头的情况,仙宫理发店在 1934 年广而告之,说新引进了两台德国"西门子"的先进烫发机,新机有保险功能,可自动开闭电源,并由在海外从业多年的林广韩操作,号称"中外无匹"。

图 3-6　美发美女与美鱼

　　有些天津交际花时常去应酬、去跳舞、去饭店,事先首要便是去做头发,于是有的人买包月,可随时去打理、换花样。烫发之于普通女子,更希望波浪发能大方、持久。即便是花不起电烫钱的妇女也在家里烧热老式火钳卷出波浪,再穿上半新不旧的衣服,照样很漂亮。

　　其实,女人烫发的潮流并非一帆风顺,各地一些军政官员、权贵们对此早有反感,但考虑当时整体开放的大环境,只是不便站出来公开说罢了。恰在 1934 年,以礼义廉耻教化为中心思想的新生活(国民教育)运动在南北掀起,这也犹如朝烫波浪发的潮流上泼了一盆冷水。1935 年 1月《禁妇女烫发,以重卫生》通电全国,此后不久又有《关于禁止妇女剪发烫发及禁止军人与无发髻女子结婚》的命令,一时间舆论哗然,天津、上

图 3-7　香皂广告上的时髦女郎

海、南京、北平、广州、重庆等地的新女性纷纷站出来反对。天津人也在《大公报》上读到了宋美龄的答记者问,她说禁止烫发是鉴于"近年以来我国妇女生活行为多浪漫不羁,影响国家民族复兴之前途极为巨大,深觉有彻底改革之必要,务使我国妇女能崇尚朴素,保持固有之美德",并希望妇女要从国家民族复兴的前途考虑,身体力行。

令行禁止,在天津民间也确起到了一定作用,有的烫发女子想了一些办法弄直头发,甚至连熨斗也用上了,不免让人啼笑皆非。1937 年抗战全面爆发,官方似无更多精力顾及烫发等琐事,禁烫势头大不如昨,波浪发在津"卷土重来"。

理发馆求新趋时

毋庸置疑,女界流行生活为理发馆的开办与生意带来利好空间。据1934 年末天津市市志编纂处编《天津市概要》资料显示,当时知名的理发馆有白宫(大经路,后中山路)、乌孚满(特一区,原德租界)、渡边(日租界)、中原(中原公司)、老鸿云(法租界)、一乐也(法租界)、紫罗兰(惠中饭店)、仙宫(基泰大楼)、永记(梨栈)、中山(绿牌电车道)、南京(天增里)、顾林祺(解放北路)等。当时,津地理发馆的设备与技术皆向一流看齐,有不少商号门面装修气派,房间清洁卫生。各家为选聘一流理发师也不惜花费,可为女士们带来国际最新潮的发式。

仙宫理发馆堪称当时津城最时髦的美发场所,其理发用具皆为进口高档货。理发馆有座椅 12 张,还专门为小孩准备了童椅。仙宫使用电推剪(时称电机剪发)理发,"在华北实为创见,所用电风干发机亦绝无仅有"。理发、洁面最重卫生,仙宫特备消毒电器,用过的器具、毛巾等都会消毒。店中的理发师多来自沿海大城市,或有海外学习经历,手艺高超。1929 年 1 月报间一则小文介绍,仙宫有个烫发师叫徐省三,能讲英、俄、德、意四国语言,可为中外顾客提供最周到的服务。除了剪发、烫发,在仙宫还可染发,店中备有各色进口染发剂,自家宣传能将白发、红发染黑,将黑发染金,保证永不褪色且不伤头发与头皮。仙宫曾长期在《北洋画报》

发布广告,有时还刊出女子新发型照片吸引读者。

1929年5月,得到溥仪允许,婉容曾到仙宫剪发。1930年10月,黎锦晖夫妇率上海明月社来津演出,王人美、黎莉莉、王润琴、胡笳等明星在演出之余也到仙宫美发。这些都随即成了报纸上的花边新闻。

仙宫的竞争对手来了。天津南派美发业(北派以宝坻、宁河人为主)的代表南京理发公司1934年8月在天增里隆重开业。公司楼宇气派,家具陈设摩登,空气清新,其规模之大称雄于当年华北。开幕之际,多家媒体予以图文并茂的报道,电烫发热潮再度升温。南京理发店引进的电烫机(带安全保险)、卧椅洗头器等都是国外最新式,近20名理发师、12台座椅每天忙个不停。这里的新式电烫价格虽比市价高出2元,但他们手艺一流,绝不逊于海派新样式,额外还赠送一个电动刷头,便于女士们在家打理发型。南京理发店一时间成为天津中上层人士,尤其是名流女子乐往之所。后来,南京理发店一直引领天津理发业发展。

有的理发店地处闹市,玻璃窗白色纱帘外常有男看客驻足,里面或忙碌或轻柔的身影若隐若现,是在撩动他们的心吗?

女娇颜美丽超群

20世纪二三十年代,天津漂亮姐儿不仅烫发、染发、穿靓衣,对西洋美容术也不陌生,甚至趋之若鹜,如此扩大了相关市场空间,津城美容所接踵开设,不愁她们不送钱来。

英租界海大道(今大沽北路)有家美容及化妆品研究部,称名利社,聘留洋归来的高级技师自制化妆品、香皂,兼售欧美佳货,欢迎美女名媛来店做美容且试用化妆品。1932年4月,该号发布广告称,可按每人不同需求进行个性化配制加工,这类服务在当时实属新潮。还有的美容室附设在大药房内,英租界中街(今解放北路)宝耳药房里便有一家。技师毕业于美国旧金山的一所美容学院,可采用当时最新西式无痛手术为女士消除皱纹、雀斑、瘩子等,用光波、冷敷等手段让皮肤光润,犹如青春不老。

同在英租界中街的顾林祺美容室的主人顾林祺毕业于法国巴黎专业院校,手艺高超,当时在津发布广告说"可保容颜娇嫩美丽超群,专治容颜丑陋及面部一切不雅之疾",同时专卖巴黎名贵化妆品。1932年仙宫理发馆也附设美容室并聘德国技师主持,且配翻译一名,"摩登女士往试者甚众,咸称赞外国女技师之手术精妙不置。"

利顺德饭店内曾驻美国人开办的好莱坞美容化妆公司,自喻"美国著名电影明星素仰慕"。1931年11月2日至8日,这家公司在利顺德、大华饭店接连进行了七场化妆美容表演,潜台词当然是为做口碑推销化妆品。

这信息也被天津名报人冯武越的夫人赵绛雪注意到,1931年12月间,她邀请好莱坞公司的美容师到梁姓朋友家专门进行化妆表演,颇似小沙龙。美容师带了三四十种化妆品,油膏粉露一应俱全,点唇、画眉、勾眼各尽其妙,在场女士无不容光焕发,娇艳百般。买卖两厢似乎都意犹未尽,1932年开年迎新春之际,好莱坞公司的西摩太太再到大华饭店表演。此人巧舌如簧,结合各种化妆品(仅胭脂就有七八种)讲解展示美容新技巧、新效果,为女宾们描眉打脸试用,让来宾欲罢不能。这些化妆品当然不便宜,"一容半年之美,须费三四十金也",真应了"美人一身香,穷汉半年粮"的俗话。

美发、美容与梳妆是流行文化生活的热点,许多烟草公司为促销,香烟牌子小广告也瞄准了女子时尚美,比如南洋兄弟烟草公司、花旗公司、华成公司、魏氏兄弟公司等发行过"服饰与发型""新潮发型""时装女郎""新潮女性"等题材的香烟牌,其中不乏照片印刷版的高档大画片,也曾发行于天津市场。

昨日芳华

古今交融、中西合璧的近代天津素以开放、包容、大气、洋气而著称。早在咸丰皇帝还闷在皇宫里的时候,这座城市就已开埠并接轨世界,于是乎,外商来了,洋行开了,国内外的各色商品集聚这里,琳琅满目。清末的西洋风率先吹皱了天津女人的心思,时尚气息蔓延开来,她们享受着现代文明与快乐生活。

女人衣着赶时髦

始于 20 世纪 20 年代的旗袍很美很"中国",张爱玲更是将它比喻成女人的生命。初兴的旗袍旋即受到天津以女学生为代表的新知识女性的欢迎,各界时尚女子进而纷纷效仿,这强烈冲击着传统女装的泥古理念。1929 年前后,风自海上来,受欧美短裙和好莱坞电影的影响,几年前长短相宜的旗袍一下子短了起来,下摆缩至膝盖处,袖口也在上提,"倒大袖"成为天津女人最青睐的款式。短,让非议四起,于是又长了下来,几年后的 30 年代中期,天津"拖地旗袍"的下摆几乎坠地,盖住了脚面。但这掩不住小资女子的爱美之心,旗袍的袖子在悄悄缩短,及至肘部,乃至肩下两三寸的位置。1936 年前后,无袖旗袍风光津门,小姐们的双臂吸引着人们的目光。

　　与此同时,上海旗袍的袍衩变得越开越高,先过膝部,接着隐露上腿,天津旗袍也随之改良。改良旗袍为海河畔、洋场中的女人的脚步平添了气质,若隐若现的曲线构成了当时动人的街景。几年后,西式立体裁剪技术出现在天津,旗袍的整体造型紧窄合体,视觉效果明显,这让女人更加婀娜。可以说,稍有些身份或好脸面的女子必会准备旗袍,甚至包括小学生在内,夹的、棉的、绸的、布的,春去秋来,相伴四季。

　　让津城女子摇曳生姿的当然少不了高跟鞋。最初,金发碧眼洋女子脚上的高跟鞋只是在视觉上让人兴奋不已。大胆试穿的天津"潮人"虽然感觉有点像是在受刑,但有人不惜挤足适履,因为照过镜子便发现自己的小腿更加笔直,仪态更加婀娜,特别是可身旗袍包裹下的轻盈的小开步前所未有。天津时髦女人迅速与高跟鞋开始了"蜜恋",因为她们不想平庸。20年代末、30年代中期,天津大商号里的高跟鞋的款式足以让顾客挑花眼,有露出脚趾和足跟的,有

图3-8　老天津"四美茶话"品牌染料商标图

缀着蝴蝶结的,有黑白拼镶的,数不胜数。《北洋画报》《星期六画报》等流行报刊也在推波助澜,有时将最摩登的鞋子刊登出来,吸引读者。当时的竹枝词也说:"鞋爱高跟走几遭,全凭衣服见时髦。"

　　旗袍与高跟鞋勾勒的香艳形象哪能逃过商人的眼睛。老天津大华兴

记染厂《美美图》商标画只是"三千佳丽"中的一片花瓣,但"美美"的定名也许是最能说明问题的。

毋庸置疑,近代上海是时尚的前沿,天津女人原本不太清楚还有比自己更时髦的参照,随着南北信息不断交流,特别是海派电影北上以来,天津女人明白了,从而也就有了"赶时髦"一说。而天津呢,又成为三北各地追逐效仿的对象。

香气四溢扮容颜

辛亥革命以来,天津已成为大都会城市,时尚的氛围也吸引了南国的月中桂、广生行、先施公司等著名的化妆品商号前来设立分庄。月中桂胭脂香粉店创始于清代道光末年,自 1925 年开始先后在北京、天津、上海、汉口等大城市开设分号。天津月中桂位于南市平安大街,店中的宫粉、鸭蛋粉、生发油、发蜡、雪花粉、芙蓉油、碱皂、京式香皂、香水、香膏、香蜜、胭脂、供香、熏香等琳琅满目,芬芳四溢。月中桂的化妆品分支很细,比如,仅仅是生发油的品种就包括玫瑰油、茉莉香油、紫罗兰油、三花油等各种香型。除此之外,月中桂还特别成为天津时髦姑娘选购嫁妆的必到之所。

天津月中桂的化妆品也畅销到周边的城市乡村。邓友梅在《据点》一文中记述,在 1942 年的农历腊月末,在马蜂坞(津浦铁路德州站东南)的年货大集上,农民将土特产送到集上,所换回的高级日用品中就有"天津月中桂的鸭蛋粉"。

广生行、先施公司的花露水、香水尤其闻名,可与进口品相媲美,是摩登女子必备的妙品,商家也在津城着力推销。如先施化妆品在 1930 年12 月 4 日的《北洋画报》上刊登了一幅漂亮的时装美女月份牌广告画,就此宣传:"画片为赠品,该公司销售香品久已驰誉南北,无待介绍,凡购货之主顾,均以此相赠云。"

曼妙交际舞

现代交际舞、舞会是地道的西方娱乐,1850 年 11 月,外国人在上海的租界内举办了一场舞会,交际舞从此伴着曼妙的乐曲来到中国。1860 年天津开埠后,外国人在这座海滨城市照样需要文化消闲生活,他们并不习惯也不满足于天津老城厢的茶园、戏院生活,西方演艺娱乐也自然而然地被漂洋过海地挪移过来。

九国租界内的俱乐部、舞场、剧场相继建成,四处飘来西洋舞曲,凸显情调。传闻,天津开埠之初,英租界里很快就出现了原汁原味的英伦歌舞剧的表演。及至 20 世纪 20 年代初,交际舞已在天津扎根兴盛,利顺德饭店、平安饭店、天津饭店、起士林饭店、大华饭店、国民饭店、巴黎舞场、西湖饭店内夜夜酒绿灯红,舞步欢快。位于英租界赛马场附近的英国乡谊会俱乐部(今干部俱乐部)的二层舞厅总有委婉动听的音乐飘出,那里宽敞气派的舞池装设有最摩登的弹簧木地板,可容纳 300 人共舞。

1927 年初,广东人李赞侯等在法租界内开办了国人在天津自营的第一家舞场——福禄林。不仅仅是外国人,天津的达官显贵、淑媛明星也对大小舞场趋之若鹜,常常以来此聚会为时髦。刚刚走出封建的传统保守派人士当然一时还无法容忍这男女亲密无间的对对身影与迷醉的氛围,有些人一怒而起,自 1927 年 5 月中旬,天津发生了声势浩大的禁舞风波,双方各执一词,并在《大公报》上打起了口水战,事件震惊国内。而这场风波的始作俑者正是福禄林饭店舞场。

然而,现代流行的脚步并没有停歇。1931 年,在少帅张学良的支持下,天津最摩登的巴黎舞场在中原公司隆重开幕,来自京津沪的舞星们个个如花似玉,技艺超群。胡曼丽、林莉莉、林幼幼、郝幼娜堪称这里的四朵金花,其中胡曼丽是津派舞星的当家人物,她曾与王宝莲等京派舞星竞争

图 3-9　娱乐场夜夜欢歌

不断,从一定意义上促进交谊舞娱乐在天津的发展。

随着西洋舞蹈在天津的不断传播,求学者、热衷者大增,交谊舞培训班、跳舞学校等随之出现。查阅 1927 年 7 月间的天津《大公报》可见连续广告,称:天津跳舞家梵天阁女士"绮年玉貌,舞学精深,在津授徒以百计,历在平安天升等院及大华饭店献技,取费一元至三元,而观者无不争先恐后"。另外,小白楼一带也有几家俄国侨民开办的学校,专门教授当时流行的交际舞、芭蕾舞等。相形之下,衣着华丽的名闺淑媛与成功男士蜂拥而至天津的大小跳舞场,其间行家里手迭出,慢三、快三、狐步等精彩连连。

流行生活孕育着商机。霓虹闪烁,灯红酒绿或许已不能满足舞客们躁动的心,小白楼裕恩永百货商店曾专门推出一种跳舞玩具,其广告词颇有煽动效果:"什么能增进跳舞的快乐呢——跳舞玩具;什么能使跳舞场中有兴趣呢——跳舞玩具。"

吃冰淇淋是一种情调

清末,天津的西式餐饮业已经兴起,此后,像起士林餐厅、大华饭店、六国饭店、西湖别墅等高档西餐馆里当然会有进口的冰淇淋可吃,但价格不菲,可谓"阳春白雪"。民国时期,专门售卖冷饮冷食的小店也叫"饮冰室"。

20世纪20年代末30年代初,吃冰淇淋既经济又实惠、还不缺少情调的地方是法租界的冷香室,1930年版《天津志略》中的"食堂"一节内便记载有它的大名。冷香室位于法租界窦总领事路(今长春道)劝业场天祥市场北门旁,时髦青年、开明学子常常来此游玩。当时,冷香室的冰淇淋有香蕉、橘子、柠檬、杏仁、香瓜、蜜桃、奶油、香草、脆梨等多样口味,让人垂涎欲滴。有些男子也喜欢到冷香室来,因为那里的女招待穿着时髦,招呼殷勤,这里成为他们欣赏美女的乐处。另外,与冷香室毗邻的文利水果店也出售冰淇淋。

天津"小资"情调的冷饮店一般有电风扇,甚至还有冷气,天津白领下班路过时就可以进去吃点冰淇淋,还可以约上好友来此小聚,很惬意。

图3-10　小香烟牌画片上描绘着"饮冰室"里浪漫的情调

透过冷饮店的橱窗,可见摩登的青年女子含着吸管,气泡在高脚杯中跳跃着,她们或用小勺慢慢地舀着冰淇淋吃,可谓花样年华,别有风情。

在老天津,真正让冰淇淋走向大众的是周记四品香的周姓叔侄二人,较早的外带冰淇淋从他们这里始出。周姓叔侄祖籍山东利津,逃荒来到天津卫,最初只是卖些孩童食品,清苦为生。20世纪30年代中期,周家的生意逐渐做大了,在夏天开始出售自制的果冻和雪花落等冷食,没想到大受欢迎。那时的冰淇淋依旧显得高不可攀,一般市民较少问津。周氏叔侄是聪明人,他们购买了一台小型手动冰淇淋机器,悉心研究配料,很快试制成功。

开始,他们每天只卖两小桶,由于口味纯正,价格低廉,一直供不应求。1937年,周家接手了位于英租界伯斯道(今长沙路)上的四品香食品店,专售冰淇淋。当年,菠萝口味、草莓口味、可可口味的冰淇淋皆选用进口罐头,真材实料,不久即引来了盈门的顾客。来早者可以悠闲地坐在店中的茶几旁享受,迟到者只好"买站票"堂吃了。鉴于市面售卖冰淇淋大多是堂食的经营模式,为了方便顾客带回家,四品香特别准备了用糯米浆制成的小碗,碗中盛上冷食再装进纸袋,便于携带。即使是在寒风呼啸的三九天,许多青年人依旧前来,有的学校联欢、家庭聚会也提前到周家来预定大宗冰淇淋。

冰淇淋买回家便任由你发挥了。法租界葛公使路(今滨江道)上的宏丰百货线店曾编印有内部小报《宏丰画报》半月刊。端午节在即,1937年6月15日的报纸上介绍了一种粽子的新吃法,大意是先将粽子切成碎块,再准备好各样新鲜水果丁,然后混合在一起,用糖拌一下,关键是要在最后加冰淇淋。如此中西合璧的小吃可谓不无创意。

广播与美女主持

无线电广播发明于1906年,1920年前后传入中国沿海城市,当时被人们称之为"空中传音"。1923 年 1 月 26 日,孙中山在上海发表了著名的《和平统一宣言》,上海奥斯邦电台以最快的速度在新闻中予以全文广播。孙中山听闻后高兴地对记者发表了谈话:"余之宣言亦被之传,余尤欣慰,余切望中国人人能读或听余之宣言,今得广为宣布,被置有无线电话接收器之数百人所闻,且远达天津及香港,诚可惊可喜之事。吾人以统一中国为职志者,极欢迎无线电话之大进步……"

广播迅速拉近了南北城市的距离,中外文化得以交融。1925 年,日租界旭街(今和平路)的义昌洋行在四面钟开设了津门首家广播电台。电台规模不大,主要通过广播推销无线电元件等商品,也代报洋行广告。1927 年,隶属北洋政府的官办无线广播电台选址英租界博罗斯道与内比尔道交口(今烟台道与四川路交口),正式对外播音。该台除曲艺、戏曲、新闻之外的重头戏即是工商广告。同年,中国无线电业有限公司在天津海河畔的马家口开业,创办人胡光镳是周学熙之婿,曾就读于南开学校,后留学美国。同年 12 月 7 日的北京《晨报》有消息说:"京津安装无线电者,颇不乏人。近能收到印度、菲律宾广播;远能收到德意志广播。"正如天津一家推销收音机的公司广告所言:"在家不出门,能知天下事。"

天津老字号仁昌绸缎庄顺应时代,于 1932 年在法租界梨栈(今劝业场一带)大新绸缎庄楼上开办了津门首家私营商业电台——仁昌广播电台,由仁昌绸缎庄广告部经理刘家祥出任台长。仁昌台的节目以曲艺节目插播本号广告为主,极大地丰富了百姓的文化与物质生活。此后,仁立毛纺厂、东亚毛呢纺织公司、正兴德茶庄与盛锡福等工商业主联手投资,在东马路青年会(今市少年宫)开设电台,免费播报各自的广告。同时,位于法租界狄总领事路(今哈尔滨道)的东方电台、意租界大马路(今建国道)的中华电台也开始播音。

在 20 世纪二三十年代的天津,似乎没有什么比旗袍美女和"话电匣子"更时髦的了。商人非常善于嫁接流行生活的元素。北门外针市街万义号颜(染)料庄在广告中别具匠心地引入了女播音员的形象。画中的

"播音员"殷殷道:"全国各织染厂、各家庭注意,如用最鲜艳、最坚固、不褪色颜料,就请你用天津万义颜料厂出品'虎鹿'商标各种颜料。因该厂已有十余年之成绩,信用素著……如蒙赐顾,无任欢迎之至。"这段广告词以电台报告商业新闻实景实录的形式晓知于人,声情并茂,推销效果事半功倍。天津洪兴漂染厂则干脆将其纺织产品定名为电台牌,广告画中也是穿着洋裙的女主持在播报广告。

天津解放后不久,中国第一家经济广播电台(广告台)在津开播,对新中国广播事业和经济生活发展产生了深远影响。

同声叫好看电影

近代以来,特别是进入民国时期后,时髦女子与新知识女性从不同层面对新生活的发展起到了推波助澜的作用。在追赶洋气与海派的同时,天津女子的生活理念也自然产生了变化,1927年9月天津《妇女月刊》上的一则小文风趣地概括了当年摩登女子的一些爱好,比如:爱洋钱、爱住洋楼、爱坐汽车、爱吃西餐、爱喝咖啡、爱看电影、爱写情书、爱逛公园、爱跳舞、爱照相、爱穿高跟鞋,等等。

天津的电影放映业发轫于清光绪二十四年(1898),百代公司在法租界大法国路(今解放北路)开设了天升茶社游艺场,其间使用手摇放映机放映无声电影短片,每场只有10分钟左右。当时,"电光影戏"或"活动电光影戏"绝对是时髦的代言。光绪三十一年(1905),英商快利洋行在6月16日的天津《大公报》上刊登了"活动电光影戏出售"广告,文称:"兹由外洋运到新式电影机器一副,并影片60余套,其景致异常可观。"不经意间,"电影"一词的首次使用引发了读者的强烈兴致。宣统元年(1909),天津第一座影院——平安电影院在法租界海大道(今大沽北路与滨江道交口)开业,它是由印度人巴厘创办的。宣统三年(1911),天津人周紫云在紫竹林(今吉林路与承德道交口一带)建成权仙电影院,成为天津首家由国人自己开办的电影院,随后的广告称:"本园开演电影,津地中外绅商同声叫好。"

随着"电影"一词的流行,电影与电影院在天津这座开放的城市兴起,从外国人俱乐部、达官显贵的宅邸,到茶园戏园的变革改造,及至专业场所,大小影院逐渐遍布繁华街巷。较为知名的有平安电影院(开设于1909年,后音乐厅)、光陆电影院(1916年,后北京影院)、蛱蝶电影院(1923年,后大光明影院)等。天津红火的市场环境也吸引了好莱坞的制片商,有的专门在津设立了分公司。

平安电影院的原址在解放桥以南,是在津第一家由外国人开设的影院。此后,平安电影院两次迁址,1922年又一次选址英租界小白楼,建成了仿古罗马剧场式的影院,这是天津当年最豪华的放映场所。影院右侧门内设有宽敞的大厅,进口地毯铺地,舞台两侧还有花亭(豪华包厢)。

图 3-11　老广告上看演出的女子

127

中外名流常在花亭里观看美国最时髦的影片。1929年的最后一天,影院放映了天津电影史上的第一部有声电影——《歌舞升平》,令人耳目一新。1935年12月19日,长期只放映进口电影的平安影院受票房所迫,首次上映了国产片《天伦》。

位于法租界樊主教路(今新华路)的明星大戏院开业于1927年2月。笔者收藏有1929年5月版《明星影录》,从封面上的摩登女子揽星图画来看,实属前卫大胆的创意。20世纪40年代初,国内还没有译制片,放映外国电影大多要靠打字幕,明星大戏院率先引进了"译意风"耳机,观众可花一角钱租借,边观影边有汉语对白传来,既新潮又便捷。

和谐温馨小家庭

就婚恋观而言,封建礼教讲究"父母之命,媒妁之言",青年男女是不能自由恋爱的。随着近代社会的变革以及女权运动的兴起,旧有的人生观、道德观、价值观受到了不同程度的挑战,城市男女对婚姻与家庭的认识也随之产生了变化。清光绪二十八年(1902)夏季,有个青年男子在6月7日的天津《大公报》上大胆地刊登了一则征婚广告,希望应征女子"一要天足,二要通晓中西学术门径,三是聘娶仪节悉照文明通例,尽除中国旧有之俗。如有能合以上诸格及自愿出嫁又有完全自主权者,毋论满汉新旧,贫富贵贱,长幼妍媸,均可"。紧随其后的五四运动新风更催化了天津有识青年个性的解放,他们对爱情自由的渴望颇为强烈,即使是在"背叛"的骂名中也努力追求真爱。

婚姻理念变革的另一重要表现是人们对文明婚礼和小家庭的崇尚。20世纪30年代,天津的中西合璧新式婚礼、集体婚礼形式简朴、文明。比如1936年6月在北宁公园举办集体婚礼便盛极一时,时任代市长也莅临祝贺。与此同时,新人们理想的家庭结构也不再以旧有的大家庭为荣,理想的规模日趋缩小(平均3至6人),他们追求独立生活的和美与舒适,女人也渴望获得一定的家庭地位。

当时,天津上流社会的新式小家庭的生活空间温馨浪漫,或为宽敞洋房,或为欧式庭院。豪华考究的家具装满了整个洋房,室内不仅有浮华雍容的气息,舒适闲散的氛围,还有光彩夺目的挂画、壁炉、吊灯、盆景、书架和爱犬……就像不厌其烦的月份牌老广告画中描摹的那样,沙发间倚坐着跷着二郎腿的旗袍淑媛,她修长的手指间夹着长嘴香烟,朱唇微启,双眸似水。

洋房、洋服、洋餐、洋酒,有的摩登女子已经身处奢侈、浮华之中,但似乎还不满足,甚至不惜一掷千金,浪费严重。家里的沙发上是绣花的靠背,床上是绣花的帐幔,桌上是绣花的桌围,不仅如此,灯罩上还有花,衣柜上雕花,墙纸上印花,瓶子里插花,茶盅里飘花,香水、胭脂、指甲油也是

图3-12　其乐融融的小家庭图画显示着新青年、新理念的变化

花香、花色的,她们就慵懒在这花花世界中。

广告是时代的镜子。20 世纪 30 年代,天津长兴成记机器染织厂拥有脍炙人口的"兴家乐"品牌,商标画中花园洋房前的少妇穿着当年最流行的蓝格子旗袍,丰腴艳丽;一旁的先生西装革履,稳重大方;伴其左右的儿女白嫩水灵,活泼可人,一家人其乐融融。此情此景正是当时青年生活的潮流之一。

在当时传媒尚欠发展的情况下,无处不在的月份牌画广告、纺织品商标画流行甚广,大多数普通民众偷偷把漂亮的画纸"收藏"起来,畅想着来日的美好。

随《天津指南》旅游

　　旅游,是一种有悠久历史的高雅的人文休闲活动。辛亥革命以后,现代意义的旅游生活与产业方兴未艾,不少旅游指南、城市纪略、游览必备等便民书籍陆续出版。1922年,位于天津大胡同的新华书局再版的古蒋孙(学谦)所著的《天津指南》,就是一本包罗万象的实用读物。

　　翻开《天津指南》即见几页图版,如直隶省公署(金钢桥旁)、老车站(老龙头车站、东站)、新车站(北站)、西车站等,随附简要说明,接续是手绘版的《天津商埠全图》,如此,行旅意味扑面而来。关于编撰缘由,作者在"凡例"中说:"世界进化交际愈繁,千里之外视为径庭,而通商大埠华洋杂处,其风俗习尚、街衢形式、商业状况必有专书以纪之,故上海、北京早有指南发现。天津形势优于都沪,不有专书,何以为华洋商贾旅客之向导,本指南之所以作也。"

　　书籍内容分为四卷(章)。第一卷讲天津地理、交通(水路与陆路)、通信、政治等。第二卷说公共事业、食宿游览、园林、游戏场等。"公共事业"细述学校、图书馆、博物院、会馆、公所、宣讲所、水会、慈善团体、电灯房、自来水公司、菜市等;"食宿"包括旅馆、饭店、茶社、酒馆、咖啡馆、浴池、理发所、修脚店、洗衣店等;"园林"涉及各大华洋公园、名胜等;"游戏场"谈到球场、赛马场、茶园、坤书馆、电影院、杂耍园子、大罗天、陶园、张园等。第三卷写营业商号及商贾处所,其中细记四十多类商店与地址、电话,以及各工厂、金融机构,还有当铺、报关行、转运公司、建筑公司、医院、中西医诊所等各行杂业。第四卷实为"杂俎",包括庙宇宗祠、报馆、广告社、律师、相士、写真馆(画像馆)、书画家的地址、寓所等。这部分还专列"黑幕一览表",比如小偷易出没的地方、奸商何为、黑店在哪,旨在提醒广大游客谨防上当受骗。

众所周知,购物是旅游的重要内容,《天津指南》插有不少广告页,为游客、读者提供了参考。著名实业家宋则久主理的北马路国货售品所

图3-13 老天津旅游明信片上的万国桥

(曾更名中华百货售品所等)享誉全国,其广告中说:"凡穿戴、饮食、器用、铺陈各品无不齐备,刻下品目共有四千余种,均分别陈列楼上下,随便游览,物美价廉。外埠函购,交邮代寄。"位于估衣街的华竹呢绒洋货庄的广告是纯文字式的,列举了诸多经营品种,有些名称在现下已不常闻见,广告文述:"本庄自运欧西花素毛呢、细呢、大衣呢、礼服呢、军衣呢、警察呢、铁路站长呢;骆驼绒、水獭绒、豹皮绒、海虎绒、海龙绒、灯芯绒、丝绒、褡裢绒;羽毛纱、哔叽纱、高布麻纱;泰西绸缎、夏布府绸、橡皮绸布等。"书中另有中央大药房、同盛制帽厂、敦庆隆绸缎庄等二十多家商户在宣传,从一个侧面也说明商家看好旅游书籍的发行量。

想来,如此应有尽有的一本《天津指南》,对全方位了解天津、在津如何吃住行游购娱皆提供了有效信息参考,读罢可谓"一切尽在掌握"。读者有需求还需易购,据版权页显示,天津有 13 家书店、南纸局经销此书,北京各大书局及《晨报》也设代销。

20 世纪二三十年代,随着天津的知名度日趋显著,旅游工具书出版也方兴未艾,在此《天津指南》后,1927 年绛雪斋书局(望海楼后)出版了甘眠羊编的《新天津指南》,1936 年中华印书局出版了燕归来簃主人(张次溪)编的《天津游览志》等。

近年,旅游文献逐渐成为热门出版选题,如相继问世的《民国旅游指南汇刊》(56 册)、《民国时期旅游文献汇编》(48 册)等,还有学者撰《436种民国旅游指南的文献分析》,据其中统计的"指南"数量分布看,排名靠前的分别是上海(30 本)、北京(16 本)、南京(15 本)、杭州(13 本)、天津(12 本)、无锡(12 本)、苏州(8 本)、重庆(8 本),主要集中于沿海大城市,这与城市发展水平密切相关。

明信片上的泰来饭店

笔者收藏有一张 20 世纪 40 年代的明信片，是一家名叫"新天津"的饭店发行的，单色印刷，简洁大方，可供宾客使用，意在广告宣传。说起老天津的这家饭店，故事颇多。新天津饭店的前身是泰来饭店，建于 20 世纪 20 年代，位于英租界维多利亚道与博目哩道交口（今解放北路与彰德道交口），即现在泰安道"五大院"风貌区天津第一饭店的位置。

关于饭店大楼的建造时间，据《天津通志·租界志》之"房屋建筑"篇中记载："1929 年建成一期工程，即五层楼房部分。1936 年扩建二期工程，即六层部分。"再有，《天津通志·城乡建设志》之"综述"篇中也有"1928—1929 年建"的类似表述。然 2012 年 2 月 17 日《今晚报》在头版以《天津第一饭店在提升改造中陆续发现了多件文物》为题发消息："这家始建于 1922 年的饭店，在 20 世纪初与隔街相望的利顺德饭店比邻而居，共同接待着来津的外国人。"至于"1922 年"的说法，笔者暂未见到原始资料。

笔者手边这张明信片正面是新天津饭店的外观图，线描工细，清清楚楚。该饭店由比利时仪品公司（还设计过法国东方汇理银行天津分行大楼）设计，为钢筋混凝土框架结构，沿街呈"L"形，占地面积一千八百平方米，建筑面积七千平方米有余。五楼外檐可见外挑式通长阳台，上设透空花格式女儿墙。楼宇转角处的三层、四层加设着独立阳台。大楼整体外观为黄褐色麻面砖与水刷石方壁柱相间的装饰效果,有西欧古典建筑思潮的遗风,但相对不多,流露出一种不事张扬的内涵。饭店主入口设在街角繁华处,主楼内有天井,采光效果较好。楼内装设两部奥迪斯牌电梯,上下便捷。楼宇一层为大型餐厅与商业用房,二层、三层是旅店,四层以上为公寓式客房等,功能完备。

"泰来"之名缘何而来?由于饭店是由英国籍印度人泰莱悌(S. B. Talat)和英国人莱德劳(Laideaw)共同出资兴建的,遂以他们名字的首字来

图 3-14 明信片上的老饭店

命名。泰莱悌 1879 年出生于印度孟买,1900 年随八国联军中的后勤保障队来到中国,进入天津。起初,泰莱悌在兵营里开了家小杂货店,他聪明,能吃苦,且能讲流利的英语,于是很快就赚到钱了。此后,泰莱悌在天津德租界 2 号路(今厦门路)以南的空地上盖起几间房,同时购置几驾马车,开办了永昌泰车行,做起租赁生意,开始积累资本。1908 年左右,泰莱悌在维多利亚道朱家胡同(今大光明桥附近)租下门面房,创办了永昌泰洋行,经销中外名牌烟酒、罐头、咖啡等,以及英国小五金工具(货源或从英国兵营套购,或直接进口),不久又陆续在北京、上海、香港开设分号,可谓日进斗金。这样,泰莱悌开办一家像模像样的饭店也就成为顺理成章的事了。

泰来饭店开业几年后,泰莱悌与莱德劳因供水设备改造问题发生分歧,泰莱悌买下莱德劳的股本,开始独揽经营权,这也就有了接下来的扩建工程。

泰莱悌在饭店初创的同时还加速在其他领域投资。1928 年,他与平安电影院老板合作,在朱家胡同一带兴建蛱蝶影院(今大光明影院),堪称当时天津设备最好、座位最多的影院。影院放映美国好莱坞新片,观众纷至沓来,在附近居住的军政名流也是常客。泰莱悌又在北京、北戴河等地连连投资房产,再转租获利。此后,腰缠万贯的泰莱悌如愿加入英国国籍,成为在天津小有名气的"英国绅士"。

饭店的"泰来"二字属音译,目前常见"泰来"与"泰莱"两种提法。文史专家周利成检索了大量原始档案,发现其中绝大部分为"泰来"标称。笔者另见一张该饭店的旧彩色画片,左上角也清晰印着"泰来饭店"字样。

泰来饭店是老天津高级饭店之一,恰与近邻利顺德饭店、英国俱乐部(英国球房)乃至小白楼商圈形成呼应,不愁客源。《天津通志·租界志》之"餐饮服务"篇中说:"天津租界早期的餐饮、服务业多集中于英租界……其中较为著名的有:利顺德饭店、皇宫饭店、泰来饭店、英国乡谊俱乐部、维克多力餐厅和西湖别墅等。"

1937 年 7 月,北平、天津沦陷后,为了推动全国抗战,中共天津地下党组织在市内建立多个联络站也在泰来饭店租下房屋,作为南下知名人士和领导干部的中转站,并利用饭店的汽车接送人员。当年八月,邓颖超同志曾入住泰来饭店,从这里到塘沽登船至烟台,辗转到达陕北。

饶有意味的是,笔者手边的这张明信片并未使用过,而是在后来辗转到某机构,因为这张卡片的背面被再利用而成为"天津革命史展览征集'必展品'登记卡片",繁体字手工油印,登记部门一栏署"社"字,使用时间大致为中华人民共和国成立之初。

随着 1941 年 12 月太平洋战争爆发,泰来饭店、永昌泰洋行、蛱蝶影院等皆被占津日军接管,泰来饭店改名为新天津饭店。泰莱悌其人也被押进山东潍县集中营。日本战败投降后,美军将包括泰莱悌在内的英国人、美国人接到香港。1945 年 10 月,泰莱悌返津,他看到动荡时局中的实业,明白这已是明日黄花。在泰莱悌逐渐向印度、英国转移财产期间,他离开了人世。

这张明信片上明确标明新天津饭店的地址为"兴亚第二区第三号路"。1943 年 3 月以来,敌伪当局将日、英、法租界改为兴亚一、二、三区。1944 年 4 月,上述三个兴亚区连同原有的十二个区一并被重新划分为八个区,"兴亚"名废止,新天津饭店所在的原英租界为第六区。行政区划的变化确切表明了这张明信片推出的时间。

西湖别墅的盛宴乐舞

在 20 世纪 30 年代的天津马场道上,有一处大名鼎鼎的"私人会所",那里不仅有精美的西餐,还常常亮出"今晚大跳舞会,明日跳舞茶会"的广告,可谓香气四溢,夜夜笙歌。这栋豪华别墅便是西湖饭店。

西湖饭店的主人名叫雍剑秋(1875—1948),是誉满南北的实业家、慈善家。雍剑秋本是江苏高邮人,青少年时代辗转上海、香港及新加坡求学,擅长英语、德语。1900 年庚子事变,作为救济北方难民慈善团的翻译,雍剑秋来到北京,后来逐渐发迹。在辛亥革命前夕,雍剑秋曾短暂担任天津造币厂副厂长,这期间,他结识了德国军官包尔德,随即成为德商礼和洋行的买办,开始经销军火,不久成为国内最大的军火中介商和一代富商,还曾受到袁世凯的勋章奖励。

1918 年,雍剑秋来到天津定居,投资实业,创办学校,迅速名闻津城。身为名流,身在洋场,少不了杯酒酬酢、迎来送往,此时的雍剑秋暗暗思量,何不创办一家像模像样的自家饭店呢?这样既可展示中国的、天津的美食文化底蕴,又可赚洋人的钱。主意已定,1929 年春,雍剑秋在马场道边(原 171 号位置,今不存)置地建屋。

1929 年深秋,雍剑秋的这座英国庭院式建筑竣工,取名为西湖别墅。当时的新闻报道称:"津门唯一之大建筑,乃巍然现其宏体于马厂道之首。"为什么不称作饭店呢?雍剑秋自有考虑。一是突出特色,有别于其他同业;二是唯恐社会不良之徒对商业经营者的勒索盘剥,如此别墅之名或多或少是可遮人耳目的。

1930 年元旦的《北洋画报》上刊有《记西湖别墅》一文,其中说:"于英拓马厂道(即马场道,笔者注)旁,非租借地上,置地数亩,建有别墅,开园辟池,移花植木,本为个人修养之所,嗣以自奉素俭,颇嫌宅第略广,因使公开,以娱游人。后西侨有请赁居独间者,且津门人士,辄于公暇休假之日,结伴莅止者又甚众。雍氏决定辟宅为小型饭店,居旅客而售饮食焉。"

西湖别墅由雍剑秋之子雍鼎丞任经理,聘请复旦大学高材生赵道生(经营过著名的大华饭店)为副经理。全新的服务理念推动着饭店的发展,开业之初,西湖别墅在媒体广泛刊发广告,比如曾长期包下《北洋画报》一版位置,在报头处的名媛美女玉照下时常可见西湖别墅"大饭店;大餐厅"的招揽,惹人注目。这里的饮食、西餐号称"第一精美,全埠无出其右者",广告还不时特别配上白描图画,或时髦男女在圆桌前品味,或小夫妻在花园散步,可谓摩登浪漫。

据雍剑秋的孙女雍载莹(出生在西湖别墅)回忆,她家的厨师有中餐和西餐的大师傅,还有专门负责采买、切菜的仆人。西湖别墅还是当时天津唯一一处弹簧地板跳舞场,且有西洋乐队伴奏,除周一的每晚均有舞会。逢年过节,这里更是要举办跳舞大会以欢庆。"今有别墅,可供登临远眺及饮食舞息之需,吾知必为津门人士所乐趋也。"

这家号称中国人在华北自办的唯一的西式大饭店生意十分兴隆,各界名流纷至沓来,比如梅兰芳就曾两次在此下榻。1929 年 12 月 19 日,美国大学同学会在西湖别墅召开年会,邀请梅兰芳到会演说。梅兰芳因为将赴美访问演出,所以非常愿意参加该活动。梅兰芳演讲的内容为《中国戏剧概略》,由杨豹灵担任翻译,受到中外来宾的欢迎。

不久后的 12 月 28 日,梅兰芳准备赴美演出,先由津赴沪,再由沪转美。梅氏到津后当晚,点名下榻在西湖别墅。当晚由《天津商报》在西湖

图3-15　西湖别墅的广告

别墅举办盛宴，包括市长崔廷献在内的二百多位各界人士莅临，晚宴盛况还由商报报馆摄制成电影，"颇极一时之盛"。梅氏两度下榻该饭店，对这里"极端赞美云"。

又如，1930年4月21日到24日晚，有联美艺舞团在该舞场演出，节目五花八门，各极其致。25日，侨津美国政军商各界，设盛大宴会，欢迎美国驻华新公使展森氏。26日，又有外国人所组织的喜剧音乐会，在该饭店开一场大跳舞会，并演出喜剧。这一时期的中外社交界大宴会几乎都在西湖别墅举行，其影响力可见一斑。

雍剑秋在天津另有多处房产，如现今马场道上的一所三层洋楼（建于1920年）等，但雍剑秋在天津近三十年的绝大部分时光都是在西湖别墅度过的。晚年，雍剑秋不惜重金投资教育，热衷公益，从事慈善事业。在1918年至1937年的天津历次公益捐款中，他个人捐款经常位列榜首，并曾连续当选为天津慈善联合会的常务委员。同时，中西女中、汇文中学、南开中学、新学书院等都得到过他的关注与支持。

从泰康、泰隆说到小梨园

直到 20 世纪 20 年代初,天津传统的商业中心区仍在老城厢北门外和东门外一带,随着外国租界的日益繁华,一些商户开始向日租界以及南市一带(今和平路北段和附近街区)迁址,最早迁入日租界的有恒利金店、物华楼金店、华林绸缎庄、老九章绸布店等,后来,其他行业也纷纷迁来。特别是 1928 年中原公司(今百货大楼)开业后,这里成为又一繁华的商业中心。

九一八事变后,日租界已不是久留之地,商业大户又转向毗邻的法租界梨栈(今劝业场、滨江道交口)发展。很快,梨栈十字路口的浙江兴业银行、交通旅馆、惠中饭店、劝业商场、基泰大楼、泰康商场、渤海大楼等拔地而起,周围休闲娱乐服务业也随之应运而生,此间一跃成为天津乃至北方最繁华的商业中心。

泰康商场是燕乐升平戏院的经理赵一琴联合毕俊卿等商人集资兴建的,开业于 1927 年 7 月。泰康商场的正门在杜总领事路(今和平路,老古籍书店位置),面对天祥市场,东门在福煦将军路(今滨江道),地皮是由浙江兴业银行租来的。开业伊始,泰康商场采取了出租场地的模式,比如正面门租给了泰隆绸缎庄、德华馨鞋店等,东门面租给文利鲜货铺、天瑞居饭馆等。场内的店铺有 300 户左右。

泰隆绸缎庄是当年较为红火的一家,这从笔者收藏的这幅橙红色调的泰隆广告故纸中便能体会一二。故纸实为泰隆的礼品绸缎的包装,艺术花卉和几何图案布满了画面,显现着时尚的气息。一块上好的绸缎装在如此体面的包装盒内,真可谓"馈赠亲友,授受咸宜"。针对礼尚往来的生活之需,泰隆还专门推出了礼券,宣称"精美礼券,银数随意"。振昌合洋布庄也在泰康商场内,该号专售南洋优质布匹,花色齐全。

图3-16　位于泰康商场门面的泰隆绸缎庄包装盒图样

开业的热闹只是一时,相对窄小的临街门面和高额的租金成为泰康商场发展的瓶颈,特别是1928年12月劝业场建成后,泰康商场内的客商纷纷退租,这对整体状况而言犹如雪上加霜。

偌大的生意需要寻求新的出路,1929年的冬天,赵一琴凭借经营燕乐升平戏院的丰富经验,为活跃业务,招徕顾客,在商场三楼创设了歌舞楼,四楼建了新声舞台。开始,这里的舞台以京剧演出为主,同时,京韵大鼓演员刘宝全在此早晚演出,全力相助,喜欢他的观众络绎不绝。1933年冬,歌舞楼改为专演曲艺杂耍的小梨园。

1936年初,泰康商场与小梨园再次陷入困境,当年5月,小梨园再次对外招租,当年在华北电影公司任职的闻人冯紫墀承租五年。冯紫墀对小梨园进行了较大的环境改造,并实行了对号入座、废除旧"三行"(手巾把、糖果案、茶房)等新办法。冯紫墀还通过自己广泛的人脉,吸引了许多达官显贵在此专订包厢。在节目内容上,小梨园选择了在天津最有观众基础的曲艺节目,并不惜重金,力争名角。

1936 年至 1939 年是小梨园的鼎盛时期,许多演员以能在小梨园登台为荣光,观众以能在小梨园一睹演员为幸事。期间,相声演员张寿臣、小蘑菇、赵佩茹、马三立、侯宝林、郭启儒、郭荣启、朱相臣,京韵大鼓演员刘宝全、白云鹏、林红玉、小彩舞、侯月秋、小岚云,乐亭大鼓演员王佩臣,梅花大鼓演员花四宝,奉天大鼓演员魏喜奎,河南坠子演员乔清秀、董桂芝、姚俊英,单弦演员荣剑尘、石慧如、常树田、谢瑞芝、雪艳花,评书演员陈士和、姜存瑞,太平歌词演员常连安等,都接连在此献艺。尤其是从1936 年底起,小彩舞一直在小梨园唱大轴,被观众冠以"金嗓歌王"的美称。

另外,老天津知名的票友会——渔阳社,也在泰康商场四楼。渔阳社成立于 20 世纪 30 年代初。渔阳社票友多为知识分子和商界人士,如老生刘伯敏、文武老生刘仲敏、彩旦刘秉心等。渔阳社每日开锣,每月必彩排,曾轰动一时。

1939 年,专演曲艺的大观园在天祥商场四楼开业,与小梨园近在咫尺,竞争之势在所难免,小梨园缺乏竞争力,经营又一次下滑。1945 年抗战胜利后,物价飞涨,工商业萧条,缺少名角的小梨园惨淡经营,时演时停,入不敷出,一直苦苦挣扎到天津解放。

小梨园作为天津曲艺曾经的最高殿堂,在曲艺发展史上占有重要地位。

"可乐"在天津

早在 1900 年，英国商人就在天津大连道开办了山海关汽水厂，这在胃里"咕噜咕噜"乱叫的"荷兰水"，让喝惯了茉莉花茶的"卫嘴子"们大呼小叫。很快，山海关汽水进入了起士林等高档西餐厅，随后又与美国建立了销售合作伙伴关系。

可口可乐自 1886 年在美国发明以来，一直领跑世界时尚饮料的发展，充满了阳光与活力。您知道吗？在中国，天津人在 1918 年就率先尝到了原汁原味的可口可乐。清末的天津城是北方最繁华的开埠城市，紧随世界脉搏的跳动，充满新生活的风气，与上海、广州交相辉映，吃喝穿戴当然讲究。就说喝，1900 年天津就有了本土的饮料厂——山海关汽水公司，但"山海关"哪里晓得，它的问世为可口可乐在十几年后进入中国提前搭好了平台。

1917 年，可口可乐公司将目光投向了中国发达城市的时尚一族，并翻译了好听的中文名字。当时，天津《大公报》上的一则消息很吸引人，可口可乐出口贸易公司的董事长访问天津时对记者说："天津市民现在每天都有美国香烟可吸，到明年夏季之前便有美国汽水可口可乐喝了。"天津充满希望的市场前景和新潮的生活吸引了可口可乐。山海关汽水公司代理销售可口可乐后，促销之势铺天盖地，猜谜、抽奖、广告接二连三，厂商在一些物美价廉的文具、日用小商品上面印上可口可乐的标志，赠送给顾客。新奇刺激的口味和小恩小惠很快就吸引了大量的消费者,天津人享受到了洋饮料带来的前所未有的味觉快感。

别看溥仪身为清逊帝,但他很时髦,新奇的山海关汽水曾摆上了他婚宴的餐桌,成为"国饮"。1922 年 12 月 1 日,溥仪在紫禁城举行大婚典礼,三天后,溥仪与皇后婉容在乾清宫西暖阁设宴招待国内外来宾。"前一天从六国饭店订的牛奶蛋糕、面包、奶油布丁、沙丁鱼、牛肉、鸡肉、鸭肉等摆满圆桌,法国香槟酒、五星啤酒、山海关汽水杯盏交错。"婚后的溥仪更喜欢到宫外游玩,比如 1923 年盛夏,他数次莅临景山。当年 8 月 1 日的《顺天时报》以《清帝游山》为题报道说:"清帝宣统昨日午刻偕同清后、淑妃、御弟溥杰,率领御前侍卫……出神武门,游览景山,参观北京全景。并在中亭上饮食啤酒、汽水、饼干,颇有兴趣……"

20 世纪 30 年代,有一幅经典的可口可乐饮料广告张贴于天津的西餐馆、食品店、饮料摊。画面红暖的灯光中,一位身着华美衣裙的女子坐在酒吧的一角,她优雅地轻握着一杯可乐,温柔地望过来,似乎喃喃道:"喝了这杯再说吧。"

图 3-17　难得一见的英商山海关汽水商标

中华人民共和国成立后,"山海关"堪称全国第一汽水品牌。无巧不成书,马三立先生早年在名段《开粥厂》中的贯口儿也为山海关汽水打了一回广告。《开粥厂》的细节有不同的版本,其中一段说马善人在端午节时不仅给大家施舍了粽子,还送给每人"黑桑葚儿一盘,白桑葚儿一盘……山海关汽水两打,两打灵丹,两打双妹牌花露水,还有三十五斤大头鱼……"

冰上的悠闲

溜冰运动早在清末就已在天津的外国租界内兴起,当时的外国人俗称溜冰为"跑凌鞋"。光绪年间出版的《津门杂记》是这样描述在冰面上潇洒的"老外"的:"所谓跑凌鞋者,履下包以滑铁,游行冰上为戏,两足如飞,缓疾自然,纵横如意,不致倾跌,洋人亦乐为之,籍以舒畅气血,甚妙。"对这一娱乐,天津人虽然好奇,却是冷眼旁观,不乏调侃:"往来冰上走如风,鞋底钢条制造工,跌倒人前成一笑,头南脚北手西东。"

租界的冰场还成就了天津第一家西洋乐队。

从 19 世纪下半叶到 20 世纪初,英国人罗伯特·赫德在中国海关担任总税务司达 45 年之久,颇具影响。赫德还是一位超级音乐迷,写歌、演奏样样精通,光绪十一年(1885),他在天津组织了西洋铜管乐队,招募了多位天津的音乐青年,开创了中国人组西洋管乐队的先河。赫德的乐队除了在他工作时常常在院中奏乐作陪、在家庭舞会中担任伴奏外,还曾被请进清宫在外交场合演奏。光绪三十年(1904),光绪皇帝接见德国王子时,在席间奏乐的就是赫德乐队。不仅如此,乐队还在草地网球俱乐部、英国工部局动物园、英国花园等地演奏,特别是到了冬天,乐队每天下午也会在溜冰场上演奏助兴,博得了阵阵掌声,为天津的社会生活谱写了绮丽的乐章。

20 世纪 30 年代,天津女子休闲运动异常活跃,女人们阳光般的神采被商人和广告画家及时、典型地记录在画面,不仅吸引着男人,也感召着女人,宣传效果自不待言。比如,哈尔滨北满烟公司、中国山东烟公司、山西省立晋华卷烟厂等分别请知名画家绘制了以女子练习打高尔夫、女子在马术场牵马为题材的广告与商标。这其中,天津机制印染总厂的《滑冰图》商标画非常引人注目。

溜冰已成为天津小姐一种特殊的健康运动,参与人数有时比男子还多。在租界内的多个高级溜冰场,每到下午5点左右,摩登女子纷纷盛装登场。追逐者轻如飞燕,在扩大器播出的西洋乐曲中,有人随着节拍练习着冰上舞蹈,活泼柔美,婀娜多姿。学步者羞羞怯怯,时而半推半就地依在情人的身上,一边莺声燕语,一边任凭男子一步步拖着走。古人称媒人为"冰人",也许是因为冰场就是最好的媒人,据1936年的一则报道说,

图3-18 翩翩起舞的冰上美女享受着消闲生活

喜好溜冰的女子不免在冰场上擦出爱的火花,天津的英国冰场每年都会成就几对姻缘。像《滑冰图》那样摩登的图画好似汇集都市人文的闪亮橱窗,展现着女人们往昔生活的美妙细节。

　　天津冰场上曾留下许多文化名流的身影,文学大师巴金的哥哥李尧林(李林)便是其中之一。李尧林是巴金的二哥,大排行老三,巴金称他三哥。1930年至1937年,他在天津南开中学担任英文教师。李尧林多才多艺,尤其喜好溜冰,经常光顾天津的高级溜冰场。巴金曾回忆道:"燕大毕业后,他考取天津南开中学做英文教师,他会讲普通话,英语教得很好,学生很喜欢他。他还会溜冰;我从照片上看到的。"李尧林的学生、朋友后来也写过一些纪念文章,李老师的溜冰花样让学生们惊叹,人们很难想象一位出生在四川的青年在天津的溜冰场会表现出那么多的花样——倒滑,侧滑,外滑转圈,悠然自得。

高尔夫曾经叫"野球"

近代天津开埠以来,外国租界相继设立,城市里华洋杂处,风气追潮头,各类好玩的西式休闲体育活动率先得以展开,一些相关的协会与俱乐部建立起来,这其中就包括时髦的高尔夫球会。

参阅《天津近代体育要事记述》中的表述,清光绪二十七年(1901)在津的俄国侨民组建了天津高尔夫球会,并在俄租界建成了有 9 洞的高尔夫球场。球场主要对在津的外国人以及与外国人关系密切的华人开放,实行会员制,不接待散客。另据《天津通志·租界志》中"体育"一章记,光绪三十年(1904),天津高尔夫球会从德国军队那里买下了一处兵营当作会所,同时将球场球洞增加到 18 洞。从转年开始,每逢春季举行一次公开赛,直到 1923 年。关于此,1964 年出版的《天津历史资料》中对历次冠军得主有所记载。

辛亥革命以后,津地设有华北高尔夫球会、天津高尔夫球会等社团组织,到了 1922 年,上述两家球会的球场合并,此后还在 1925 年春季举办过华北地区高尔夫球锦标赛,《天津通志》中说其"对世界各个被人承认的高尔夫球会所有业余会员开放",并专门设立了"狄更森银杯"。在首次比赛中,天津的瓦克尔夺冠,北京的舒麦兹居亚。顺便一说,"狄更森"是当年在津的一英国洋行的老板,天津徐州道即原英租界的"狄更生道"。

早年,高尔夫球在津有"野球"的别称。学者潘鼎、周宏升曾对天津近代高尔夫运动进行过调研,通过相关资料得知,在1917年出版的《京津两市图》中,天津俄租界东南角标注有"野球场"字样,其位置与文字资料中的位置描述是吻合的,即天津河东津塘路与十四经路、十五经路的交会处,原大王庄木材四场一带。1937年七七事变后日军占领天津,球场改为飞机场。

位于天津马场道西端的英国乡谊俱乐部(现干部俱乐部)赫赫有名,这里也是昔日可玩高尔夫球的地方。此间的赛马会(马场)和乡谊会颇具历史,直隶总督李鸿章于1886年前后将这片地赠予天津海关税务司德璀琳。1900年义和团运动爆发,马场被焚毁。战后,英商赛马会在这一带又重建了游艺部和赛马场,设计凸显英国田园情趣,其中便有高尔夫球场、网球场、池塘等,是上流人士休闲玩乐的好地方。

再来说说"迷你球"深入民间的故事。

正儿八经的高尔夫球可谓贵族运动,实有阳春白雪之感,除了洋商买办、显贵名流,一般百姓很难接触到。有趣的是,到了20世纪30年代,"迷你高尔夫"在上海、天津等沿海大城市迅速红火起来。

当时,小型高尔夫也称微高尔夫、小考而夫、小野球、穴球,更显现出体能类休闲活动的特点,其设备主要由球盘、球具和障碍物组成,球杆、球与正式所用一致。迷你球场占地面积较小,二三百平方米甚至更小也可以。比如,老上海有球场宣传它是"夏天晚上最有味之运动",或鼓动市民"天晴了,请到最精美之小球场玩玩小考而夫"等。

另外,天津法租界领事馆道(今承德道)上的六国饭店很知名,1931年6月,六国饭店在楼顶开办了设备精良的迷你高尔夫球场(草球场)。这里的价格是每局4角(银元),10局3元,可售套票。在当年,这个球场算是最具规模与品位的佳处了。球场空气清新,特别是在夏季,凉风习习,煞是惬意。

1932年7月,一处新型的高尔夫练习场在惠中饭店楼顶开业。这一户外小球场的妙处便是更接近于正规的大场,此间摒弃了常见的球盘,而是全场铺沙,用草木分割规划出方块,成为各个打球的区域,每区中设两三个障碍物,或假山,或木屋,或水沟,或小桥。露天球场还装设了电灯,晚间明如白昼,经营优势明显,倍受时尚人士的欢迎。另外,同一时期天津还有英租界达文波路(今建设路)的小球场、英租界中街(今解放北路)维多利亚旅馆中的小球场等,但经营时间相对较短。

北宁公园也有小高尔夫球场,更具园林风光优势,它占地约5亩,场内盘数有18盘,其规模之大在京津地区屈指可数。场地设计可谓煞费苦心,其中每盘每处皆为北宁铁路沿线车站及当地名胜实景缩微,如前门站设计为城楼模型,天津站为大沽炮台,滦河站为滦河大桥,山海关站为长城,葫芦岛站为狮子山,营口站为轮渡码头,沈阳站为沈阳车站外貌等,不一而足,让人消闲之余又如同坐火车,可看各地锦绣风光。球场每盘都有两个球道,难易不同。曾有记者采访报道称,最特别是第六盘"北戴河"、第八盘"山海关"、第十六盘"通辽"等,相对更不易打,比如打到"山海关长城"时,球必须从两道城墙上飞过才能入洞,不然就得过两道城门方可成功。

开高尔夫球场的生意人忘不了打广告,故事也不少。

20世纪30年代,在沿海大城市兴盛一时的小型高尔夫活动更近乎消闲娱乐,经营者当然愿意广大民众参与,好赚到更多钞票。促销,势在必行。

1931年4月,位于天津天祥市场南门旁的天祥野球场开业了,长方形的球场面积不大,在这里练习打球每局仅需2角(银元),可称得上平民化了。另外,法租界樊主教路(今新华路)上的永安饭店三楼有美记高尔夫,开业于1931年6月。美记高尔夫后来居上,他们所设场地障碍物很贴近中国传统,亭台楼阁,凉亭水榭,俨若景观,以"各穴点缀之美"领先于同行,居各球场之冠。在这里玩,每局5角(银元),青年学生凭证件在上午9点到下午5点享受半价优惠。

仍说 1931 年,在天津日租界芙蓉街(今河北路)上又开了一家迷你小球场,场内设有 9 洞,每局价格 2 角。为了揽客,球场推出了 6 局 1 元的套票。这里的布置颇具东瀛情调,球盘中是绿色的锯末,似青草,让人仿佛身在草坪上。再看北宁公园的小高尔夫球场,因设计独特,且有园林美景自然优势,其票价为 4 角,与比市内几家稍贵一点,铁路职工可享半价。

俗话说,同行是冤家,在当时的《大公报》《北洋画报》上常可见美记高尔夫、六国饭店球场等商家连篇累牍地打广告,如美记宣称"设备完美、布置富贵……各界仕女趁兴乎来"。鉴于一些评论家认为迷你高尔夫的开展有利于正式高尔夫的推广,于是《北洋画报》几次辟专版对相关活动进行宣传,大有星火燎原之势。

20 世纪 30 年代天津的洋行或时髦商场里可以买到进口的高尔夫球杆、高尔夫球,但价格不菲。鉴于此,有些聪明人便到铁工厂定制,每根球杆二三元(银元)不等。至于球,别无选择,只有舶来品,比如 1930 年一

图 3-19　老广告画上的旗袍美女玩高尔夫

打球(12 个)的价格为 10 元左右。随着迷你高尔夫越来越热,到了第二年,一打球的价格便涨到了 20 元上下。再说开办小球场,据当时的新闻报道介绍,开办一家设备齐全且规模较大的球场大致需要 1000 元,如果是家庭化的简易小场仅需 100 多元。

高尔夫球在津的迅速走红也影响到近在咫尺的京城圈。昔日,中山公园、东长安街等地也开设了迷你球场。天津、北京都举办过小高尔夫比赛。由于没有相关的组织引导,迷你高尔夫始终停留在娱乐项目中,1937年抗战全面爆发后便不再流行。

女子喜欢十字绣

如今,十字绣在青年女子的闲暇生活中风靡着,小到手机吊饰,大到客厅墙画,逸致娱己也好,专事创收也罢,一针一线无不凝结着她们的细心与勤劳。时尚生活有时会重演,七八十年前的天津女子对这种手工艺的热衷绝不逊于当下,各种版本的挑绣图样风行女界。当时,天津中原公司、中华百货售品所、瑞和成、天昌隆、公盛育、华信栈等大型商号都曾热销《美华十字挑绣图》,一些绒线小店或走街串巷的货郎也乐于代售获利。

早在 1923 年,上海新新美术手工社就开始出版《十字图案》系列画册,分销到各地书局和洋货行,特别受闺中女子欢迎。紧随其后的是美华艺术公司,美华以更强的实力和更美的创意在 1929 年 6 月取得了商标局注册认证,以"美女"商标正式对外发行十字挑绣图样,旨在提高妇女的艺术修养和生活情趣。美华公司在《全国女子学校公鉴》中说:"刺绣一术原为我中华女界唯一之家庭艺术手工,亦妇女必需之技能,各地女校多有手工一课之设,唯初习刺绣每憾教者编样苦索无底本之参考,学者徒耗工料难按步之成效。敝公司出版之大小十字绣图案样本最合用……"藉此,系列《美华十字挑绣图》隆重推出,每集皆聘请美术专家绘制图样,如第八辑的制图者为郑午昌的女弟子潘季华等。《美华十字挑绣图》一度流行横式八开本模式,封面上正在绣花的旗袍淑媛彰显着时尚气息,内里彩印原大图样,实用于帐沿、床围、靠垫、枕套、书包、衣饰等处。所刊图案举凡虫草花卉、园林风景、吉祥纹样无所不包,如"富贵海棠""花应封侯""清美池塘""雷峰夕照"等。配色方面也力求鲜艳雅致,和谐有序。

有了女子们的喜好,《美华十字挑绣图》在包括天津在内的沿海城市、东北地区、港澳地区炙手可热,并出口到东南亚各国。每册图样12页(图)左右,定价大洋五角,相当于一袋高级面粉价格的四分之一左右。青年女子对流行的追求有时是不惜花销的。

与《美华十字挑绣图》竞争的是洋品牌DMC十字绣。法国DMC公司创设于18世纪中叶,早先致力于绣花线和印染布生产,后来与刺绣艺术家苔丽丝合作,成立了专门的刺绣学校,苔丽丝还在1886年出版了以十字绣为主要内容的《女士手工艺大全》,流传于世界各国。为了推销绣

图3-20 "美华"十字绣是老天津女子闲暇时的最爱

花线,DMC 公司在民国年间以上海为中心,采用单页的形式大量发行十字绣稿样,稿样两侧印有"蝶美线"广告。

　　中华人民共和国成立后,十字绣的再度风光是在"文革"时期,人们怀着崇高热情绣出了许多毛主席像、毛主席诗词、宣传画等。比如80厘米长、50厘米宽的《向门合同志学习》,光芒中的戎装主席像和翠柏前的门合像十分传神,左上角的主席手书题词也很生动。这一时期的巧手们往往无师自通,虽然没有规范的图纸参照,但她们凭借孜孜以求的研究摸索,绣出了件件精品。保存良好的"文革"十字绣作品在今天的收藏市场上炙手可热。

照相器材爱广告

19世纪中叶,刚刚传入我国的照相术便开始了广告之举。1846年,香港银版摄影与锌版印刷公司欲将其拍摄的照片对外发售,于是在报端发信息称有"彩色与黑白照片出售"。这里的彩色照片是传统的人工手绘上色的照片。

1860年天津开埠后,洋商、华商也瞄准了这座城市照相市场的发展空间,花心思搞促销。天津中西大药房在1903年1月16日的《大公报》上登出广告说:"12寸白金纸,申津缺货多时,市上将他国之新牌充销。本药房冬初电致英京以而福老厂,赶速运津,今已到数百筒⋯⋯"文中的"以而福"即"伊尔福"。另外,据同年《大公报》其他广告显示,有的票行(彩票发行商)还将价值百余元(大洋)的照片放大机作为头彩奖品,可见当时照相与器材市场之一斑。

辛亥革命以来,随着照相馆、专业摄影人、业余爱好者的增加,在中国乃至天津的商业结构中,照相器材经销商已占有一定比例。20世纪20年代中期,德商联德颜料化学厂将德国矮克发(爱克发)品牌系列照相产品推向天津,他们在1926年7月间的《北洋画报》上接连发布广告称:"特造照相用之各种页片、软片、干片、影片、纸料、药品、镜箱、颜料并一切用品。"包括镜箱(传统相机)在内的这些商品由天津宝光照相馆、樫村洋行代理发售。到了1934年,矮克发在天津的代理商已易主为丽星号聚记。丽星号位于北马路龙亭西箭道。面对当时的同业竞争,矮克发宣称自家相机的用法非常简便,适宜初学者与青年人。

同一时期,知名的美国百代公司已在天津开设分公司,地址在法租界大法国路(今解放北路)。1926 年 11 月,百代公司在津着力推销青年牌照相机、电影机,附带三脚架的这款相机售价 66 元,比电影机还贵 6 元。据《民国经济史》《中国近代经济史统计资料》等资料数据推算,这台相机的价格约相当于现今 2500 元人民币。

天津著名的西餐饭店与娱乐会所大华饭店的老板是赵道生,于 1930 年前后在英租界维多利亚道(今解放北路)开办了大华照相材料公司,做起了"不卖牛油面包,专卖照相材料"的又一时髦生意。公司还兼营照片冲晒,因设备精良,"故出片最速而最美"。这一时期,大华公司冲晒 120 底片的价格为每张 3 分,127 底片为每张 2 分。

20 世纪 30 年代中期,照相业在天津方兴未艾,商人们皆想分上一杯羹。1934 年 9 月,美国柯达公司的 616 型、620 型相机在津上市,其特点被商家概括为"巧小玲珑,精致美观,机件新颖,售价克己",对摄影爱好者不乏吸引力。同时,"拍照精美,异乎寻常"的柯达"万

图 3-21 售卖照相机的广告

利"胶片也在跟进,形成了相关的产业链。

　　1936年初,客流熙攘的中原百货公司增设了光学部(照相器材部),并兼顾冲晒业务,三月间的广告称:"新式快镜,备货最多,冲晒放大,唯一可靠。"无独有偶,与中原公司相距不远的伶俐公司(天增里内),在同一时期花费万余元引进了德国"电气自动照相机",在自家二楼开办了摄影部。有了先进设备做后盾,伶俐公司以"1936年新的照相"为标榜,推出立即取像业务,让顾客耳目一新。在这里花1元钱(推广价,定价为1.5元)可随意照6张照片,学生还可享8折优惠。另外,在英租界英国菜市旁(今大沽北路)有一家照相器材店,这里代售德国蔡司牌相机,以二手货居多,价格一般不低于百元,即便是德国零件、日本组装的机器也要几十元,相对来说并不便宜。

第四辑

民生民俗

水,朴素民俗财富观

笔者得见一张老天津的小画片,名谓《进财水》,画上描绘了两个水夫取水归来正准备给用户去送水的情景,颇具生活气息,民俗内涵浓厚。他们从哪里取来的水?南运河。

南运河历史悠久,水质清透,历代帝王常途径往来,赴京漕运亦忙,故古有"御河"美誉。旧津黎民日常用水主要来自周边河水,然其他河流多为咸水,口感不佳。天津城厢百姓平日饮水以南运河甜水为佳,这也为水

图4-1　老商标上描绘的"进财水"

夫行带来生意。"一根扁担两木桶,装满河水肩上挑,送水到缸进各户,换回工钱买菜肴",水夫担水到城中售卖,赚个辛苦钱。日久天长,老主顾相对固定下来,出现了类似如今送水入户的"专属服务"。有的送水后在门口墙上做个记号,后来小水牌儿应运而生。带各自标记的水牌儿批量售给老顾主,水夫每次送水后取走一枚,方便省事,待逢年过节时一并结账。卖水人为增加供水量、多赚钱,也用独轮车、畜力车运水,车上载大木桶,此与"进财水"故纸上的描画如出一辙。

冬日风大雪滑,取水送水更难,所以水价比往日高一些。雪后向主家讨点酒钱,春节或吉庆日讨点节礼、喜钱、祝寿钱等渐渐成为民俗市相。大年初二敬财神,清早便有送柴人(更夫居多)到来,他们一边拜年,一边把一捆新柴火或白生生的麻杆立在门前、院里。后来,此行逐渐被水夫代替,初二所送御河水依旧是一担二挑,水夫捎带新柴,柴火上有写着"真正大金条"或"财"字的红纸条,意为"送财"。与此同时,甜水"哗啦"入缸,朝屋内亮嗓:"给您全家老少进财进水啦!"有柴有水,岁岁富贵安康。主家喜上眉梢,赶紧拿赏钱给挑水人。

津人爱喝茉莉花茶,昔日多到水铺买开水沏茶。茶讲究借水发香,水铺所卖的水常是南运河水,有水夫送。水铺灶上卧两口大锅,一口小锅,四季热气腾腾。一大早便有街坊四邻提着放好茶叶的大茶壶纷至沓来,伙计将满满一勺沸水冲下壶中,茶的香气立刻飘散开来。再有,南运河畔北大关、侯家后的茶馆茶园多,买卖门前、罩棚下常有几口大缸盛满运河水,澄清后烧开沏茶用。

老城人离不开南运河,水夫往来劳苦功高,加之百姓俗信水即是"财",寓意吉祥,所以染(颜)料庄以"进财水"为品牌,其妙便不言而喻了——借水生财,生意兴隆。旧年天津有俗语:挑水的看大河——都是钱。说到底,南运河为天津带来生机与滋养,惠民富民,吉也利也。

新春恭维唱喜词

作为北方的大都市,老天津商业发达,买卖铺面林立街巷。特别是在过大年前后,市面上常会见到所谓的乞丐专到商店门前唱数喜词儿,恭维生意,以讨得赏钱。唱者并不太邋遢,他们手持一大片牛胯骨,牛胯骨边上缀挂着许多小铃铛,权作响器。这些人头脑机灵,能触景生情,见物道

图4-2　开市过年

词,脱口即出合辙押韵的顺口溜,一边唱一边击打或摇动牛胯骨,发出有节奏的声响。连篇的好话,极尽美言,让店家听着心里很是痛快。遇上不给赏钱或给得少的买卖家,唱喜的就站在门口没完没了地唱,是引来围观者还是影响了屋里的生意,很难说清楚。逢此,店主必须赶紧掏钱让伙计打发他们走人。其实,买卖家也很无奈,这伙人有时一天来好几趟,确实难以应付。

老年间的商铺里将来自各地的名特产称作"来宝"。说唱者一进店门,上眼环顾一圈就能数唱出许多商品名称,他们不时抓哏、抖包袱,引得众人喜笑颜开。所以,这唱喜的行当后来又有了"数来宝"的叫法。后来,牛胯骨逐渐被竹板取代,"数来宝"也慢慢成了一种表演艺术,不断创新发展。

还有倒提溜钱串儿唱喜词的人。他们手提一挂用红绳穿编成的铜钱串儿,冲着屋里大唱"门前栽棵摇钱树"或"富贵荣华把财发"之类的吉祥话,合辙押韵,一套一套的。他们唱罢一曲便将手中的钱串撒在地上,随着哗啦啦的声响又向屋里高声喊:"给您一家老小进财啦——拜年喽——"人们听着美滋滋的,自然得赏些零花钱给人家。

人们过春节都图喜庆吉利,这期间也常见聪明的小贩趸些财神画像,走街串巷地挨门去送。他们举着财神像往商铺、客栈、住户门口一站,满面春风地亮嗓喊道:"给您送财神来啦——"或许自家早就挂好了财神像,但这时候又有谁肯拒绝吉意呢?若是生硬地甩出一句"不要财神",恐怕自己都觉得心里不安稳,掏俩钱儿将财神爷再次请进屋便是了。

洗刷一新瞧皇会

　　笔者有一页比较罕见的故纸——老天津厂商巧妙创意,利用出皇会的热点来推销肥皂,研读起来颇有意趣。

　　天津妈祖信俗历史悠久,与之紧密相关的庆贺天后诞辰出皇会(早称娘娘会)活动始于清康熙四年(1665),可谓除春节之外津沽民间最盛大的节日。天后娘娘出巡散福,各路花会酬神演艺,万民欢腾,极大地促进了市井繁华。

　　皇会的会档(种类)大致有三:一是服务性质的,如扫殿会、净街会、请驾会、梅汤会等。二是仪仗性质的会,如门幡会、太狮会、广照会、宝鼎会、接香会、灯罩会、銮驾会、华辇会、护驾会、灯亭会、鲜花会等。三是以各类乡村民间花会为基础的表演,所涉内容相当广泛。皇会艺术形式丰富多彩,包括杠箱、鲜花、法鼓、门幡、秧歌、提炉灯、大乐、高跷等四十多种,每种又有一至数个表演团体,风格各异,为人喜闻乐见。

　　光绪二十六年(1900)八国联军入侵天津后,时局动荡,人心惶惶,兴盛了二百多年的皇会无奈停滞,仅在1924年勉强举办过一次。1936年2月,天津工商界头面人物纪仲石(纪华)、王晓岩(凤鸣)等,鉴于市面萧条、百业不振之局,力倡恢复皇会,以振兴市场经济,传扬人文风俗。最后,经时任市长萧振瀛同意,皇会得以重新出会。消息传出,全城振奋,万民欢腾。

老娘娘出巡散福有恩泽,人们瞧皇会如同过大年,势必要梳洗打扮、穿戴一新,精精神神的。洗衣服用什么?看点来了,天津隆华造胰厂在皇会活动前夕发出传单广告,告诉市民洗洗刷刷就用他家的好肥皂(旧称胰子)。

民族实业家宋则久、教育家严修于光绪二十九年(1903)筹办创设天津造胰公司,始开中国化学肥皂业先河,津地制皂技术水平一直遥遥领先。隆华造胰厂位于南开杨家花园,即现今南开二纬路东段杨以德旧居一带。1921年天津警察厅厅长杨以德在此地建起欧式小洋楼,人们俗称杨家花园,该区域也随之日渐繁华,当时的《天津地理买卖杂字》写道:"南门外,有澡塘(堂),杨家花园有楼房。"地利,为隆华造胰厂带来好生意。20世纪30年代中期,该厂出品有万字老牌八角肥皂、卫生皂、光牌

图4-3　天津皇会入商标

168

肥皂、四季白条皂、福寿白条皂、隆华黑条皂、虎牌黑方皂等十多个品种，且可通过电话订购，送货上门，随叫随到。

抓热点，做广告。隆华造胰厂的这纸传单标题为《皇会路线单》，其上突出位置写着："哈，天津皇会幸喜现在又出现了……今为一般观众服装着想，是否应该预先拆洗新鲜，不得不相当准备……"接下来，厂家标榜他们的肥皂物美价廉，在看皇会之前洗衣服之时要提早预备才好。这段开篇的一个"哈"字，诙谐风趣，即刻为说教推销增加了柔性，拉近了与顾客的亲和感，妙哉！

一般传单散发出去，受众往往随手弃之。隆华造胰厂想在前面，希望传单能为人所留所用，于是在传单左侧特印 1936 年皇会出会路线，实用性大增。故纸所示路线为：农历三月十六日，由天后宫起驾，经宫南大街、磨盘街，进东门，出西门，横街子、韦驮庙，入千福寺。三月十八日，由千福寺起驾，经双庙街、铃铛阁、太平街、针市街、估衣街、毛贾夥（伙）巷、宫北大街，回天后宫。三月二十日，起驾出宫，经宫北大街、大胡同、金钢桥、大经路、天纬路，到市政府（西辕门进、东辕门出），过估衣街，进北门，出东门，走袜子胡同，回宫。三月二十二日，出宫，经磨盘街，进东门，出西门，走西马路、南阁、针市街、北马路、东马路、袜子胡同，回宫。三月二十三日宫中祝寿庆典。此乃民国时期最后一次出会。

笔者另收藏有一张老商标，恰印行于 20 世纪 30 年代中期，为天津东兴机器染织厂特别注册的"同乐会"纺织品商标（如图 4-3）。同乐会高跷是皇会、津地民间花会中的精彩演艺。商标画中的高跷演员有《西游记》人物扮相、八仙人物扮相，还有小童子、老太婆扮相等，真乃活灵活现。厂商巧借百姓喜闻乐见的民俗活动来推销产品，效果自然事半功倍。

又见"刘二姐"

笔者曾在旧书店里淘到一册小薄本,内刊 20 世纪 30 年代文明小曲《刘二姐拴娃娃》唱词,由老北京崇文门外打磨厂(东口内路南)宝文堂同记书铺印行。

民间传说人物刘二姐婚后为求子到娘娘宫拴娃娃的故事广泛流行于 20 世纪二三十年代以天津为核心的北方地区,其传播广泛涉及天津时

图 4-4　民间唱词画片《刘二姐拴娃娃》

调、京韵大鼓、梅花大鼓、滑稽大鼓、单弦、北京琴书、河南坠子、二人转、相声、民间小曲、民间绘画等艺术形式,特别为人喜闻乐见。

　　说起来,笔者与"刘二姐"的情缘颇深,多年前笔者在北京琉璃厂淘到过一张《刘二姐拴娃娃》彩色石印画片,是 20 世纪 30 年代天津鼓楼北毓顺成芳记印制的。其中小曲开篇唱:"刘家的小二姐闷坐在绣楼,手托着香腮一阵好发愁。过了门六个月半年将算够,夫妻和美度春秋。常言道草为留根,人为留后,人老无儿阵阵忧。四月里,开庙十五十六,娘娘殿内香火收,何不我今天走一走,明着去逛庙,暗着我把娃娃偷……"二姐出门前精心梳洗打扮,她"上身穿青洋绉改良去瘦,下配中衣蓝串绸,上海式的坤鞋又尖又瘦,紧紧绷绷正正周周。腰系汗巾白洋绉,又把粉红花来绣,上绣狮子滚绣球。铜圆带了六吊六百六,大块洋钱皮包里收。打扮多时将要走,拿过来白手绢蒨砂豆蔻包儿里兜……"

　　民间故事中都说刘二姐俊俏摩登,此唱本中也不例外,且看:"二姐她走起道来好似风摆柳,扭儿捏捏儿扭,扭扭捏捏,透着风流倒把人的魄魂勾……"刘二姐在娘娘宫拴了娃娃,高高兴兴把家还,回到家她对"孩儿"说:"你要抽洋烟卷,妈妈管你个够,长城政府墩台人顶球(注:皆为当时的香烟品牌)。咱家民地有六十六顷六亩六,还有小驴大蟒牛,谁都知道咱们家的银钱厚,银行当

图 4-5　活灵活现的娃娃大哥

171

铺首饰楼。天短话长一时难说够，喜只喜我的儿三更半夜快把胎投，刘二姐拴娃娃当着面把脸露，愿只愿连生贵子辈辈封侯。"

还有一张对开大的老年画，名叫《刘二姐逛庙》。画中二姐烫着波浪发，穿着可身的酒红色旗袍，脚蹬高跟鞋。只见那旗袍高开衩，侧露内里衬裤，小裤蓝底白花过膝盖，衬得小腿更显白皙。她打着花阳伞，身后还跟着个穿洋群的女仆。有趣的是，二姐没像常见图画中那样抱个从娘娘宫拴来的泥娃娃，而是由女仆领着个小儿郎。嘿，画面有意趣，看来娘娘显圣，二姐已如愿得子了。画中绘她们三人走在街边，正路过益德堂膏药铺的摊子，本来一患者扶在凳上正准备贴膏药治腰疼，结果掌柜的一贴膏药竟贴到了患者的脑门上。缘何？二姐款款而来，婀娜勾魂，路人都早已看直眼啦。

杨柳青才女白俊英与《画扇面》

"天津城西杨柳青,有个美女白俊英,专学丹青会画画……"中国文联副主席、中国民间文艺家协会主席、国务院参事冯骥才在谈到中国民间文化遗产抢救时曾不无感慨和担忧地说:"会用天津杨柳青土话唱《画扇面》的白俊英早已不在,杨柳青'缸鱼'年画如今也只有王学勤老人会画了。"

2008年2月,著名红学家周汝昌在《今晚报》副刊《年画·大观茶园·荀派·王紫苓》一文中回忆:"我几岁时,慈母就唱民间俗曲给我听:'天津城西杨柳青,有一个美人柏俊英';'巧手丹青能绘画——这佳人,十九冬……'从那时起,我就把杨柳青的这位才女柏俊英和年画联系在了一起。后来我一直想在讲年画的书上寻找柏俊英这个美好的名字。"

俊英画扇美名传

中国扇面画源远流长,入清后已风行大江南北,民间扇画以天津杨柳青所制为最美,这是这里年画艺术丰厚积淀的结果。杨柳青的历史上诞生了善绘扇面的才女白俊英(坊间也称柏俊英、翠英等);诞生了说唱风格的民歌《画扇面》,并曾广泛流传于三北地区,至今脍炙人口。《画扇面》叙述了白俊英在扇面上以传统戏曲为素材,画出了许多忠孝仁义的故事,教化人们知荣辱,明廉耻,感恩德。

《画扇面》在长期的传唱过程中形成前后几个重要版本。一是只提到北京城,二是唱出了北京、盛京(沈阳)两座城,还有唱到天津城的。笔者收藏有民国中期由上海茂记书庄石印的《绣像新画扇面》唱本,此书自辽宁民间老艺人家中所获,其中收录的正是第二个版本,简明照录:

> 天津城西杨柳青,有个美女柏俊英,专学丹青会画画,这佳人年十九春,丈夫南学用功苦,眼看来到四月中。四月里立夏时少寒风,柏俊英坐房中赛蒸笼,手拿扇子仔细看,高丽纸上白生生,油漆骨子红点血,扇面以上缺少成工。八仙桌子放在当中,五样的颜色俱都现成,扇面铺在桌子上,细思想来暗叮咛,上边先画城两座,显一显奴手段敬敬明公。第一座北京城池来画上,九门九关甚威风,画上紫禁城一座,三宫六院画其中,金殿朝廷多画上,八大朝臣列西东。第二盛京关东来画上,老将军断赌才得安宁,东沟反了宋三好,陈大人率众领兵,众家英雄征东往,东边黎民才得太平。手拿扇子心烦闷,小奴家一看不得稀罕,虽然城池风景好,读书人也仔细看,耻笑奴家太不堪,忠孝节义不周全。忽然想起忠良画……忠孝节义全画了,柏俊英留神仔细看观,画完半面闲半面,心内思想暗详添,八出戏儿后边画,兑上了颜色甚是新鲜。头一出画上走雪山……八出戏儿全画毕,单等儿夫全了篇,金榜题名身荣贵,得取头名中状元,光宗耀祖高官坐,合家欢乐福双全。

光绪元年(1875),清军在吉林红石砬子镇压起事的宋三好,根据这一史实可以看出,经填词、改编的《画扇面》第二个版本约出现在此后时间。这一时期,天津还流传有"三一座城池画天津"的版本,留待后话。

才女白俊英何许人

有"神笔"之称的白俊英是不是确有其人呢？这可谓莫衷一是，引人探究。按说像《画扇面》里唱到的或民间传说的，白俊英是了不起的杨柳青乡土画家，但方志、典籍中的原始生平依据至今尚未被人翻检出来，这也从一个侧面反映了部分民间艺术的"草根"特点。另外，自明代杨柳青年画发端以来，成功作品无数，但作者多不署款，如此又为"寻找"白俊英的线索带来盲点。

一直以来，关于白俊英的身世大致有几种不同的说法。

马逸先在《杨柳青年画小史》中谈道："到了清光绪年前后，杨柳青涌现出一批农民画师，他们对杨柳青年画的发展及其艺术水平的提高起了积极地（的）推动作用，其中有张俊庭……此外还有生卒年代不详的潘忠义和女画家白俊英。"或许是白俊英是身在乡野的淳朴画匠，无法进入清代画家名录。

图4-6　《画扇面》版本之一种

又说白俊英只是民间传说中塑造的人物，可能是清代乾隆、嘉庆年代人。张鸾搜集整理的民间故事描述，乾隆年间有一个财主在杨柳青戴廉增画店里买了一幅白俊英亲笔画的《莲年有鱼》带回家，后来那鲤鱼神奇鲜活起来。

再说白俊英是明末清初人,生于 1628 年,卒于 1691 年,字玉翠,号荷香子,在家中排行第二,人称二姐。并称白俊英祖籍吴门(今苏州吴县),她的父亲是明崇祯进士,在南京为官,后调任京城,因明末战乱全家定居杨柳青。可惜作者没有标明所依据的文献。比对年代发现,《画扇面》唱到的"张彦休妻"的故事一般认为出自乾隆年间的文学家、戏曲家袁栋的《白玉楼》。另外"五出画上拾捡柴,姜秋莲出门泪满腮"源于明末清初之后多年的戏曲《春秋配》,而此时白俊英早已不在世间。也许有更早的戏曲版本,也许这些唱词是于白俊英身后在传唱过程中被民间艺人不断添加的新词。

就白俊英的身世,笔者采访过多位博学的天津老一代历史文化专家,并到杨柳青实地调研,所获答案大多认为应该有这个人,但确切资料尚未见到。《画扇面》写事实在,写人生动,就民歌创作而言,凭空编造的成分不大,像陕北民歌里的兰花花(姬延玲),常常是有其人才唱其事的。

《画扇面》因版本不同、传唱的地区不同,加之方言、发声乃至以讹传讹等原因,白俊英也被经常唱成柏俊英、白仲英、白秀英、翠英、翠玲、白二姐等,甚至还将天津唱为北京。如东北版本"天津城西杨柳青,有个美女柏俊英";陕西安塞版本"天津卫城西杨柳青,有一位美女名叫翠英";山东版本"天津卫城西杨柳儿青,有一位女子名叫翠玲";陕西绥德版本"北京那城西杨柳一苗青,有一个美女白仲英"等。现今,歌手杨一采集于陕北并演唱的《画扇面》开篇唱道:"天津那个卫城西杨柳青,有一位女子名叫翠玲……"

《画扇面》的产生与发展过程中始终洋溢着田野的气息,口传心授,父领子作,自娱自乐,多变甚至混淆而成为一种常态是可以理解的。乡里乡亲,想唱就唱,唱错传错也无所谓。但万变不离其宗,一定是天津城西杨柳青的佳人白俊英才脍炙人口,经典不衰。

传说中的白俊英

有一段杨柳青民间故事对白俊英的身世以及画扇面的细节讲述得绘声绘色。据说,传统杨柳青年画要数互为邻里的白家和安家画得最出色,白家小女白俊英和安家儿郎安雪从小青梅竹马,俊英画画,雪儿题字,堪称绝配。在俩孩子 18 岁那年,在就要办婚事的前几天,皇上南巡路过小镇要检阅画棚,家家都要挂出最好的画来。白家和安家的画尽产尽销,一时拿不出佳作,这可是要满门抄斩的罪过。皇上说到就到,情急之下的白俊英用金粉和几样颜色胸有成竹地画了一条飞龙,安雪原本要写"金龙飞舞",却在慌乱之中落下了"舞"字,成了"金龙飞"。没想到皇上见罢却龙颜大悦,当顺口念出"金龙飞"时,只见天空祥云乍现,金龙腾空而起……皇上恩赏,安雪被召到御画院。

安雪进京前的晚上,心中忐忑的白俊英特别为他画了几把扇子。先画紫禁城,城内金銮宝殿,文武满朝,三宫六院美女成群;再画精彩大戏表现忠孝节义;又画杨柳青风情。白俊英试探着让安雪选择一把,安雪爱乡情切,带上了杨柳青风情画,这才让她放心。身在京城的安雪眷恋着白俊英,不为金钱和官职所动,后来回到家乡,夫妻二人与年画相伴终生。

另外的传说云,乾隆年间,津西胜芳镇的富户薛大人船过杨柳青时被河边的《画扇面》小调吸引,于是停船上岸,这里的美画让他惊羡不已。他更喜欢白俊英亲笔画的《莲年有余》,买了一幅带回家中。说也神了,有天晚上,薛大人依稀见到画中的胖小子动了动身子,从画上跳了下来,小童子东瞧瞧、西看看,然后嫩声嫩气地对老两口儿说:"爷爷奶奶要是想吃鱼,我会逮,你们拿个木盆来吧。"待老两口儿一定神,那胖小子又跳回画里。薛大人连忙找来木盆,对画上的胖小子开玩笑地说:"你的话我们当真啦,木盆在这,我们就等着吃鱼啦。"转天清晨,薛大人惊奇地发现盆里果真有一条活蹦乱跳的大鲤鱼。从此，薛家每天都有鱼吃。

　　人心不足蛇吞象，时间一长，薛大人就往歪处琢磨了。他让胖小子每天给他家一筐鱼，鱼说来就来。进而，薛大人想让别人池塘里的鱼全都归他，好赚大钱。就在他美滋滋地打着如意算盘的时候，只听见"唰"的一声，再抬头看，那年画竟变成了白纸，薛大人急得一命呜呼。事后人们传言，薛家的铜臭气玷污了娃娃和金鱼的灵性，那胖小子抱着鲤鱼回杨柳青找白俊英去了。

　　《渔盆的故事》在1959年曾被改编为动画片《渔童》，深受青少年欢迎。故事的发生与杨柳青年画和白俊英有关。传说清末年间有个渔翁在杨柳青南运河畔以打鱼为生，一天晚间见到河里升起金色火光，于是驾船前往，打捞上来一个白瓷盆，盆底的画就是白俊英所绘的娃娃和鲤鱼。夜里，渔翁看到画中的渔童举着鱼竿钓起了小金鱼，溅出的水珠落在盆边变成了粒粒金豆子，渔翁得以安家立业，并在之后保护渔盆不落到洋人手里……

津沽说唱《画扇面》

　　《画扇面》不仅在光绪年间出现了艺人添加的"盛京"版本，其实在"天津教案"发生后，津沽还流传着"三一座城池画天津"的版本，盲艺人牛亭山的说唱最为著名。

　　在原《画扇面》的内容基础上，这一版本先唱天津的精粹风物与便捷交通："三一座城池画天津，能人制造算盘城……单街子，娘娘宫，估衣街的买卖数不清，四门的鼓楼就在当中。天津卫马路修得宽，四面钟的洋货样样都全，洋楼盖下了无其数。自来水，电线杆，电灯电话紧后边，要来了地图又把电车安。扇面上画梁家园，望海楼便在三岔河口前……往上海，三五天，火车还有火轮船，来来往往赚的都是中国钱。"

　　同治九年(1870)，直隶总督曾国藩奉命来津办理天津教案，他综合当时的局势，先对英国、美国、俄国进行赔赏，然后计划同法国单独交涉。随后，天津人的反帝热潮更加高涨，《画扇面》也迎合时事道："外国人们定计分我江山……进京要夺权，侵犯了中国混乱江山……大乱就在同治九年，天津的黎民不得安然，黎民百姓遭涂炭。都大人，把脸翻，外国人们一命染黄泉，天津的黎民们才得平安。五月佳节失落了机关，那才是外国人们的报应循环。又来了那不怕死的陈大帅，领黎民，到这边，上了浮桥过了关，火烧望海楼就在五月二十三……"这里的陈大帅就是记名提督陈国瑞。《清代通史》载，天津教案发生后，陈国瑞与奕譞对群众反帝运动给予了一定的支持。

　　该版本《画扇面》在说唱完北京、盛京、天津后，照旧回转唱起忠孝节义和八出戏："三座城池都画完，忠孝节义没画周全……忠孝节义都画完，白二姐越看越心酸，叫人们耻笑我太不堪，细思想，仔细观，调好了颜色再画一番，八出戏文画后边……"

　　《中国民间歌曲集成·天津卷》收录有老天津西郊和东郊的《画扇面》。西郊歌由牛亭山演唱(冯零、雪玲记录)，分为三段，从"天津卫城西杨柳青(哪)，有一个美女白俊英，专学丹青会画画(呀)"唱到"细思想，暗叮咛，一心要画上两座城，显一显手段敬敬明公"。东郊歌由于润安演唱(王小村、钟文龙记录)，为一段，从"天津(呀)城西杨柳青，有一个美女白俊英，专学丹青会画画"唱到"心中想，暗叮咛，上面先画两座城"。《中国民间歌曲集成》也将《画扇面》收录其中。

　　中华人民共和国成立前，尚未出现"天津时调"一词，当时称"唱时调"，除几种鸳鸯调之外，还有以演唱曲目而定的曲调，如《画扇面》《十杯酒》《绣麒麟》《明月五更》等，均在天津流传。天津时调表演艺术家王毓宝就表演过《画扇面》。近年来，歌唱家李瑛在国际文化交流活动中多次演唱《画扇面》，将它推向了世界舞台。

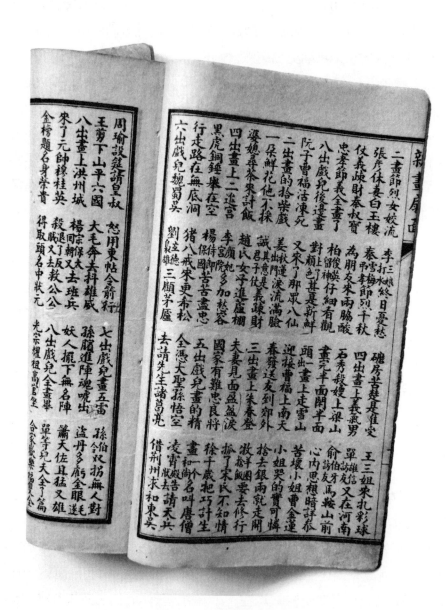

图4-7 《画扇面》书影

八方演艺《画扇面》

自19世纪70年代以来，杨柳青人积极支援边疆，跟随左宗棠走进新疆，他们不仅带去了毛巾、肥皂、布袜、腿带、针线、茶、烟、糖、常用药等，还将包括《画扇面》在内的天津民间说唱，以及年画、秧歌、风筝、剪纸、春联、珠算、烹调、游艺等传播到西北地区。"百艺进疆"还带动了"赶大营"沿线陕西、甘肃、山西、内蒙古等地经济与文化的发展。

百多年来，《画扇面》在陕西、甘肃、宁夏、内蒙古、山西、山东、河北、河南、安徽、北京和东北三省久盛不衰，半壁河山处处传唱，曲调近30种，仅陕北就至少有16种，由此演化出的表演形式更为繁多。早已具有西北风黄土情的陕北民歌《画扇面》的风格或轻快，或细腻，或柔婉。有时，每种曲调之间的旋律差别较大，似乎各有师承门派，加之不同演唱者多变、即兴地发挥，所以陕北《画扇面》的变化最为丰富，绥德、米脂、横山、佳县、安塞、延川、子长、子洲等地《画扇面》的歌词几乎没有完全一样的，但它们的内核都是天津杨柳青的才女白俊英与她的扇面美画。

曾在陕北插队十余年的作家王克明对当地风俗印象很深，他曾亲耳听过安塞艺人任志强的演唱，并原汁原味地记录下了那份精彩："天津卫城西杨柳青(吗那嘿)，有一位美女名叫翠英……二一出画上二进宫(吗那嘿)，杨宗保搬兵回到了朝中，三霄妹摆下黄河阵，萧天佐(呀吗)过洪州，来了元帅穆桂英(咳呗咿呀)，打坏了番贼救出了公公。三一出画上女娇流(吗那嘿)，李三娘担水面带忧愁，人说是苦实难受，王三姐(呀吗)飘绣球，张彦休妻白玉楼(咳呗咿呀)，秦雪梅吊孝两眼儿泪流……"

在山东，不仅有临沂小调《画扇面》，苍山的艺人还将《画扇面》改编成鲁南民歌，在《画扇面》唱词的基础上，最后一段特别与时俱进地唱道："杨柳青的男女和老少，丹青画画手段高，他们的作品欧亚去，美国总统也来瞧一瞧,临走带去嫦娥奔月,董成招财也捎着。要问唱者名和姓,苍山宋庄的杜景顺。"吕剧是山东地方戏,它早先是清末年间一些乞丐在学唱《画扇面》等杂曲小调基础上的一种发展创新。吕剧最初的剧目就有《画扇面》。另外胶州小调秧歌也唱《画扇面》的调子。

《画扇面》在内蒙古西部经化妆演唱,发展为欢快热闹的二人台。而山西的二人台《画扇面》则被演绎成"女画家杨柳清"的爱情故事了。安徽的皖北琴书中也可见源自《画扇面》的音乐元素。

在运河畔,在窑洞里,在庙会间,《画扇面》的每一次传唱,其旋律也许都会发生变化,不同曲调的行云流水与酣畅淋漓,都为白俊英画扇面的故事留下了随性之快,乡土之美。

《画扇面》里看大戏

有许多古代故事之所以家喻户晓,就因为它们曾被戏曲很好地演绎,或成了老幼熟知的民歌,《画扇面》又何尝不是呢?细心读者不难发现,《画扇面》唱的大多是戏出故事。

以民国年间流行在东北的《画扇面》为例,"忠孝节义全画了,柏俊英留神仔细看观,画完半面闲半面,心内思想暗详添,八出戏儿后边画,兑上了颜色甚是新鲜。头一出画上走雪山……"这里的量词没有使用"幅"或"片",而是以"出"来表示,画了一出又一出,"八出戏儿全画毕,单等儿夫全了篇……"

20世纪五六十年代,东三省传唱的《画扇面》中的大戏更加丰富:

> 头出画上走雪山,有个小姐曹氏玉莲,家院曹福活冻死,又来了,众八仙,迎接曹福上南天,哭坏了小姐曹氏玉莲。二出再画贤孝男,钟子期打柴不爱做官,白猿偷桃天书献,小沉香,劈华山,吴汉杀妻站

潼关,哎,文王带人去访贤。三出画上节烈女姣流,李三娘磨房实忧愁,挨冻受饿实消瘦,王三姐,抛彩球,张彦休妻白玉楼,哎,秦雪梅吊孝节烈千秋。四出画上义气男,单雄信访友在河南,仗义疏财秦叔宝,为朋友,两肋酸,石秀杀嫂上梁山,哎,俞伯牙访友马鞍山前。五出画上拾捡柴,姜秋莲出门泪满腮,春发访友到郊外,舍银两,就走开,一朵鲜花他未摘,哎,诚言是君仗义疏财。六出画上朱春登,牧羊圈舍饭去修行,婆媳寻吃去讨饭,赵氏女,进芦棚,夫妻见面泪盈盈,哎,艰难困苦谁不知情。七出画上二进宫,李艳妃宫中多愁容,国家有难思良将,徐延昭,闯进宫,黑虎铜锤举在空,哎,杨波保国苦尽忠。八出戏画的(得)精,画个和尚叫唐僧,师徒路过无底洞,猪八戒,太稀松,全凭大圣孙悟空,哎,灵霄殿告状请来天兵。九出戏画上魏蜀吴,刘备枭雄三顾茅庐,请来先生诸葛亮,借荆州,谋东吴,周瑜定计请皇叔,哎,怒摔竹筒令箭才出。十出画上五雷阵,孙膑双拐没人敢陪,王翦下山平六国,大毛黄,斗雄威,孙膑进阵魂吓飞,哎,盗仙丹多亏金眼毛邃……

《画扇面》里的出出大戏也在陕北唱着,如,"二一出画上二进宫,正宫娘娘多愁容,国家有难思良将,徐千岁巧计生,黑虎铜锤举在空,杨侍郎报国苦尽忠"。歌中每一段(一出戏)的第一句后三个字便是剧名,如三出画《牧羊圈》、四出画《唐太宗》、五出画《黄鹤楼》、六出画《走雪山》、七出画《明公断》等。

山东《画扇面》也完整保留有戏出唱词,如,"五出小戏画上黄鹤楼,汉刘备吃酒犯了忧愁,东吴设下了美人计,曹操笑,刘备哭,周瑜摆宴请皇叔,拆开了竹节令箭现出"。

《画扇面》的流变

竞相传唱的《画扇面》后来逐渐成为一种民歌曲牌，唱者主要是半农半艺走乡串镇的人，以及卖针线、卖膏药、卖唱本的小贩等，他们手打响板，唱起来如同吆喝歌，很能招揽顾客。撂地说相声的在开场铺垫时也常用这个曲牌来"圆粘儿"。

在旧时民间，用《画扇面》曲牌唱的小调也叫《百忍图》。曾流行在天津西郊，由牛亭山、孙华洲演唱的《公道老爷劝善》中道："混沌初分世难晓，谁知道地厚天有多么高，日月穿梭催人老，要争名，把利捞，难免生死路一条，八个字造就定是难逃。树大根深长的(得)牢，人受教调武艺高，井淘三遍吃甜水，劝明公，忍为高，千万别跟那歹人学，劝君子回头你为善最好。"

天津曲艺理论家倪钟之、曲艺作家萧作如向笔者介绍，中华人民共和国成立后，《画扇面》曲牌被天津曲艺团的曲艺作家陈寿荪改编成《农民乐》曲牌，被单弦和曲艺剧吸收，为人喜闻乐见。单弦曲牌可分为叙述曲牌、抒情曲牌、特殊用途曲牌，《农民乐》属于抒情曲牌中带有欢快喜剧色彩的那一类。如20世纪60年代的"棵棵绿竹叶儿尖，满山叠翠荡漾无边。社员们锄草在田里面，听那劳动歌儿唱得欢。丰收景象在眼前，伟大祖国好河山"。民歌说唱《画扇面》原来的教化意味浓郁，在演变成曲牌之后便以宣传和抒发欢快情感为主了。

近年，北京密云五亩地村一位农民还尝试用民歌《绣枕头》的曲调来唱《画扇面》的老词，颇有趣味。时下流行乐坛的一名歌手承袭并演唱了陕北民歌《画扇面》，嘹亮高亢，总能听出些黄土情的韵味来：

天津那个卫城西杨柳青，依呀喂，有一位女子名叫翠玲，从小小学到会画画,小佳人十九春,丈夫是南京读书人,哎哟,月儿到了四月半中。四月里天立夏无寒风,依呀喂,小二姐高楼摆下龙阵,手那扇面仔细看……五色那颜料摆得现成,扇子放在桌面上,仔细想不消停,画出北京一座城,哎哟,画在那扇面上显显那手能,第一幅画出北京城,依呀喂……二一幅画出俞伯牙,依呀喂……八一幅画出水晶宫,依呀喂,来了一位和尚他是唐僧,他去西天取真经,猪八戒小沙僧,还有开路的孙悟空,哎哟,一路上遇到了九妖十八洞……

当然,城市歌手与一身黄土的民间说唱艺人是有区别的,这首流行歌曲和原生态的陕北《画扇面》相比,在一些词汇和语调上不免有讹误之处,歌手对原有典故的采集也在减少,但流行音乐无疑会让更多人听到这首源于天津的经典民歌。

现在,白俊英的美名已成为一家年画社的品牌,画社不仅生产精美的杨柳青传统年画,还不断开发旅游市场空间,相关的文化产品让更多人知道了天津城西杨柳青曾有个才貌双全的女子白俊英。

津城早就兴博彩

传统的博彩游戏约兴起于清乾隆年间,徐珂在《清稗类钞》中记载,太平军中曾流行以麻将牌赌酒,进而输赢文钱。此风后来传于民间,由南方传至津城。现代意义上的彩票源自西方,在清末时传入中国。老天津作为北方的大都市,经济发达,博彩活动相随而生,许多衣食无忧的彩迷乐此不疲。

老天津最为盛行的博彩当属赛马会彩票。自光绪二十七年(1901)天津海关税务司德璀琳修建英商天津赛马场以来的四十余年间,津门的赛马会组织多达7个,马会发行的彩票十分走俏。普通"马票"每张1元、2元,面额最大的是"香槟票",售价10元。摇奖办法如下:赛前售出1000张彩票,出马3匹,将1至3号球投入一大铜球内,当众摇出马号。再将1至1000号球投入另一大铜球内,摇出彩票号。摇出的号球如果分别是2号和868号,依此类推摇出各马匹对应的不同票号并公布。如果2号马胜出,那么868号彩票即中大奖。接二连三的赛会前,不仅赛事前瞻成为各大媒体的热门话题,"大香槟彩票头奖独中五万"等广告更是抢眼刺目。

专门从事彩票生意的叫"票行",马票、香槟票常由马会委托专门票行或服务店铺及个人代为推销。票行一般提取4%的佣金,有时还要向中奖者索取赏金。聚元票行是20世纪二三十年代津城首屈一指的彩票

"专家",分别在法租界绿牌电车道(今滨江道)和英租界广东道(今唐山道)设总行、分行。聚元票行凭经营彩票不断致富,后来发展成为银号。

大小票行所经营的彩票、奖券品种不少,连篇累牍的宣传广告不断刺激着人们求财、发财的念头。可以说,浏览五花八门的彩票广告是了解老天津博彩业最直观的窗口。早在宣统二年(1910),位于法租界的长春栈票行广告即云:"湖北大票,头彩五万;安徽正票、副票,正票头彩四万元,副票头彩一万元。屡中大彩,四远驰名。"同时又言:"批发零售,一律减价,望发大财早购为盼。"民国以来,一些票行的广告接二连三地出现在津城各大报刊,各类马会彩票的名称可谓洋洋大观,什么伦敦大香槟、英商大香槟、美国慈善香槟、福乐丽、开滦小香槟、上海爱多小香槟等,奖金从几十万元至几千元不等。与此同时,中彩公告也穿插在广告中,如"福乐丽 5477 请来取洋""慈善 2684 英界一针公司独得"等。

各票行也纷纷开展外埠函购业务,并承诺信到即复,绝不延误。1936 年,聚元票行还将广告特别刊登在电话簿中,文曰:"经理国民政府航空公路建设奖券,以及它(他)种奖券、香槟(票),应有尽有。"

另外,在老版杨柳青年画中有一幅《新刻彩票局》,上题:"时兴设立抓彩局,第一堪比状元郎。小本可得十倍利,夫荣子贵把名扬。"津门博彩之兴盛可见一斑。

图 4-8　印刷于 1940 年的聚元彩票中奖号码宣传单

点心笺上的岁月印痕

点心笺，作为糕点美食的漂亮"外衣"，作为糕点店或食品店的一纸广告，对中老年朋友来说可谓记忆犹新。点心笺约兴起于清代中叶，最初以仿单的简单形式出现，又俗称为"门票"。

天津老字号桂顺斋具有近百年的历史，是津门美食文化与糕点业的代表。桂顺斋始终注重保持传统风味，注重包装宣传，不仅让百姓享受佳味，还通过外化的塑造，给顾客带来美食在精神层面的喜乐内涵。于此，历年印行的花花绿绿的点心笺便扮演着鲜活灵动的角色，同时也真切定格了时代生活的色彩。

在笔者收藏的百多种旧点心笺中，桂顺斋糕点店的故纸自成系列，特色显著。一纸菱形点心笺约出品于 1966 年、1967 年间，画面简洁明快，其上虽只有红黄两色，但四射光芒中的"最高指示"与"红卫东糕点店"的名称异常醒目。此话还要从头说起。自 1966 年 8 月开始，受"破四旧"风潮影响，天津市内六区皆更改了名称，一如这纸点心笺上显示的地名那样，和平区易名为战斗区，小小商号未能逃脱时代洪流，桂顺斋改称"红卫东糕点店"。直到 1968 年初，市内各区成立了"革委会"以后，原区名才一一恢复。故纸上的信息明确显示，红卫东糕点店的地址为和平路 345 号，电话号码为 25125。

《星星之火，可以燎原》是毛泽东同志的著名篇章，这八个字的题词墨迹及"燎原"二字在"文革"期间广泛应用。20世纪70年代初,位于和平路145号的桂顺斋糕点店(分店)也曾被称为燎原糕点店。在那段岁月中,点心笺上花花绿绿的图案似乎在一夜间消失了,举凡八仙人物、嫦娥奔月、花草风景等均被红色覆盖,口号、题词、轮船、大海、光芒、厂房、麦浪、钢枪成为点心笺中最典型的图画。

燎原糕点店的点心笺为8开大小,厚纸,画面中火红底色的上部是金色的向日葵,下部是两簇红牡丹簇拥的景致——蓝天白云下林立的座座厂房车间,高耸的烟囱中升起浓烟,厂房前是一望无际的葱绿良田,可见工农形势大好,前景无限。画面中部是硕大的深蓝色"燎原"二字。相比较而言,"主角"——糕点却寥寥无几,色彩清淡,点心图案只是细线条的轻轻勾勒。今天看来,毋庸置疑的是那时商品本身的意味已显得

图4-9　燎原故纸

不重要,一切糕点或一纸包装或许肩负着它本身难以承载的使命与内容。值得一提的是,这张"燎原"点心笺在稍后还有一张与其画面完全相同的"姊妹版"问世,只是"燎原"二字回归为"桂顺斋"字样,下方的地址、电话字迹从前一版的手写体变成了规范的铅字排印。前后两张点心笺地址相同,电话号码也皆为33688。这张点心笺曾被某学子当成书皮纸包课本,这对于故纸生命的延续实为幸事一桩。

图 4-10 桂顺斋故纸

　　时光荏苒。改革开放春风吹拂下的点心笺很快核复了它本该拥有的多姿多彩,百花齐放的画面进一步展现着包装艺术与广告文化的作用,而这一切就凸显在桂顺斋1985年前后印行的点心笺上。此时,桂顺斋糕点店(地址、电话仍同红卫东糕点店)的点心笺上洋溢着喜庆的氛围,画面俨然就是一幅月季花写生作品,花儿盛开或含苞,娇艳欲滴,色彩浓烈。在与这张点心笺并行并用的点心盒外观中还可见"中西糕点,京津风味,糖果烟酒,蜜饯食品"的字样,广告意味明确。

　　需要关注的是,这纸桂顺斋点心笺上已经出现了"金汤瓶"商标。另外,地址中专门在括号里注明了"芦庄子"三字。芦庄子位于老天津南市与日租界旭街(今和平路)的交汇处,此地正是桂顺斋在天津的发祥地。1924年,来自北京通县大顺斋的刘星泉在芦庄子口买下门面经营清真小吃。这一年刘星泉恰得千金,名叫淑桂,刘星泉在高兴之余特为小店取名桂顺斋。桂顺斋以诚实守信为本,对所承袭的京味糕点的质量要求极为严格,绝不马虎,很快赢得了四方顾客的信赖。20世纪30年代初,桂顺斋还从北京请来曾经烘焙宫廷糕点的高手,加大投入,前店后厂推出了"京八件儿"、萨其马、蜜麻花、蜜供、麻团酥等系列糕点,逐渐形成了酥、香、松、绵、软、亮、甜的风味。历经近百年发展,桂顺斋已成为华北地区妇孺皆知的糕点品牌。

　　根据笔者结合对天津电话发展史的研究推断,桂顺斋在1987年1月以后又印行了一张点心笺。这张点心笺为16开大小,以大红色、玫红色、淡黄色三朵月季花为主图,"桂顺斋"三字已经从老式的美术字变成了颜体书法字,广告词写"中西糕点,质高味美,前店后厂,自产自销"的字样。解读这张点心笺中的其他信息可知,随着城市建设的发展,和平路145号芦庄子桂顺斋店的地址在这一时期已变更为101号—105号,电话号码从5位升至6位,为225125。桂顺斋的经营也取得了长足进步,除了芦庄子老店(当时也称一分店)之外,在和平路、多伦道、开封道等街区还开办了四家分店及一家冷热饮店。上述和平路燎原糕点店成为二分店,门市未变,门牌号已从原 345 号调整为 253 号。

　　天津市桂顺斋糕点厂的名称出现在笔者收藏的一张大致印行于 20 世纪 80 年代末、90 年代初的点心笺上,它 8 开大小,以三样花卉为主图,画面上部为"津京糕点"大字,下端厂名后相随的电话号码为 756093。根据电话史料并结合天津电话号码 6 位升 7 位时的具体情况判断,这一号码位于红桥区大胡同一带。

　　在落款为桂顺斋糕点厂第二经营部以及分部,约印行于 20 世纪 90 年代末的点心笺上,画面与上述那张三朵三色月季花为主图的点心笺画面大致相同,广告词调整为"京津糕点,传统风味",电话号码已升至现今通行的 8 位号码。

　　近年,桂顺斋糕点有限公司曾印行过一张具有现代时尚温馨气息的正方形点心笺,衬底图是电脑制作的朦胧状的粉红色月季花图样,再也看不到旧有手工绘画的韵味。画面信息显示,和平路 101 号已成为桂顺斋商厦的地址,另有分店五处。

　　解读故纸,岁月留痕。纵观桂顺斋品牌旗下的张张老点心笺,图色艳丽醒目,文史信息丰富,时代特色显著,尤其是那百花竞相的画面足以让读者感受到传统广告文化的魅力,追忆出往昔生活的种种滋味。

甜甜蜜蜜话糕点

　　尊重传统、崇尚礼仪是中国传统中的重要组成部分,老天津人在春节未到之前,早早就会准备好蜜供(蜜贡),以敬祭先人,不敢怠慢。蜜供是什么?晚清《道咸以来朝野杂记》中说:"蜜供,素食也,为岁终供佛之用。以面条为砖,砌成浮屠形,或方或圆,或八角式。大者高数尺,小者数寸,外以蜜罩匀,大都摆样子者,不可食。"

　　蜜供是用油和得半发面,然后切成长寸余小面条,油炸后蘸上蜜再叠搭起来。这种造型面点有方形的,有圆塔状的,高度从几寸到三尺有余。蜜供讲究五碗(份)为一堂,俗称"成堂蜜供"。蜜供大小与堂数要根据家庭、佛堂、寺庙等不同场合的用途来决定。旧时蜜供有红白之分,面条中间带红线的叫红供,用来敬神礼佛,无红道的白供常用来祭祖。蜜供一般要

图4-11　印行于20世纪50年代初的点心笺

193

到蒸食铺、糕点铺预定，老年间的《天津过年歌》说："蒸食铺，居然可观，平日买卖有其限，到这时门外堆成了花糕馒头山。"后来，天津一般人家出现简版供糕，用从大到小的面饼一层层夹满小枣，叠码成尖塔状，再在顶端插上绒绢花或《三星高照》小画片等。

摆供祭祖、走亲访友、合家欢乐都离不开美味糕点，"卫嘴子"逢年过节最喜欢"京八件儿"。它原本不是糕点名，实为清宫节庆所用花色面食，御膳师傅将面上印有福、禄、寿、喜、安康、如意等吉祥话的面点，以及"银锭鱼"面点放在八个盘子里摆出造型。类似面点在后来传到民间，率先成为达官显贵互相馈赠的礼品。

图4-12 宏伟的蓝图映衬着美味

天津糕点传承京式，以"大八件儿"和"小八件儿"最闻名。关于大小八件儿的品种莫衷一是，日常供应的大八件儿一般有枣花、福字、禄字、寿字、喜字、卷酥、核桃酥、吧啦饼等；小八件儿有枣方子、杏仁酥、小桃、小杏、小石榴、小苹果、小核桃、小柿子。美食花色纷繁，大八件儿有时还包括翻毛饼、大卷酥、大油糕、蝴蝶卷、蝠儿酥、鸡油饼、状元饼、七星典子；小八件儿又有果馅饼、小卷酥、小桃酥、小鸡油饼、小螺蛳酥、枣花等。在此基础上，它们还派生出较高档的细八件儿，如状元饼、太师饼、囊饼、杏仁酥、鸡油饼、破皮、白皮饼、蛋黄酥等,真实脍不厌细。吉庆食盒里当然不能少了萨其马、杏仁干粮、藏饼、状元饼、麻饼、核桃酥、马蹄酥、江米条、槽子糕、桂花棋子饼、糖蜜果、芙蓉糕,老少皆宜,吃点心再沏一壶茉莉花茶,真美醉也。曾几何时,一盒八件儿、一盒炉圆蛋糕,再覆上一张漂亮的点心笺儿,两盒一捆,堪称津人心心念念的甜蜜,也是倍儿体面的礼品,过大年,人们手中拎着串门去,俨如流动的五彩祥和好风景。

图4-13　时代特色显著的点心笺

　　中华人民共和国成立初期的故纸上多见"发展经济,保障供给"八个醒目大字,说到这,需回望1942年12月,毛泽东在陕甘宁边区高级干部会议上作了《抗日时期的经济问题和财政问题》的报告,其中阐明了经济工作和财政工作的总方针是"发展经济,保障供给",此后,这一方针得到全面贯彻。最鲜明的是天津市各区糖果糕点公司统一使用的点心笺,从32开到8开大小不等,大红色调画面,边饰图案如花环锦簇,举凡盛开牡丹、苍松翠柏、四季鲜果、烟酒糖茶等无一不包,右下角绘一组糕点,有萨其马、蛋糕、月饼、白皮、喜饼、马蹄酥、核桃酥等十几样。画面中心描绘着丰产梯田、钻井平台、车间高炉,远山间正升起一轮红太阳,那光芒照耀着上方"发展经济,保障供给"明黄大字,令人无比振奋。

　　20世纪50年代中期天津尚有新华区(后并入和平区),当时新华区副食零售公司的点心笺上画着一个长发辫女子,她提着两盒点心走到田边,向正在远处耕种的小伙子挥着手,她是来慰问情哥哥的吗?麦穗、鲜花、糕点都围绕着他们,构织出幸福甜美的愿景。类似的设计还有天津市公私合营糕点公司的点心盒装潢图,画中主角为干部模样的装束,他提着一盒点心来到农田看望农家,或有工农一家亲的寓意吧。

2001 年岁末,天津有关领导去慰问相声大师马三立,送去蛋糕的同时又把两盒小八件儿放在了旁边。市领导说:"您不是在相声里提到过八件儿吗?所以我们也给您送两盒来,叫作'一边一盒小八件,中间一个大蛋糕'。"马老幽默地接了一句:"这回我可就吃胖啦。"

香酥麻花是一绝

麻花是地道的天津小吃,堪称津城美食名片。清末是天津饮食文化最繁盛的时期,民间小吃麻花得以快速发展,当时天津民间的麻花也根据其做法、形状而有所不同,如两三根白条拧在一起不捏头,俗称"绳子头",两根白条加一根麻条拧在一起,俗称"花里虎",两三根麻条拧成的则叫"麻轴",皆为百姓十分推崇的特色小吃。

1927年桂发祥十八街麻花的创始人刘老八在天津海河以西的十八街(现东楼一带)开设了麻花铺,首创什锦夹馅儿麻花,享誉津门。1956年公私合营时,十八街麻花店取字号桂发祥,美味得以传承。

有美食家形象生动地将"天津三绝"之首的桂发祥十八街麻花比喻成一件"拧出的艺术品"或"可食用的艺术品"。采用传统工艺制作的十八街什锦夹馅麻花酥脆香甜,久放不绵,色香味形俱佳,同时达到了美味、营养、健康、安全的有机平衡,且不含任何添加剂。那么,这一件件"艺术品"是如何诞生的呢?

桂发祥麻花以面粉、植物油、蔗糖为主料,又加入了桂花、闽姜、芝麻仁、桃仁、青丝、红丝、冰糖、青梅、瓜条、花生仁、核桃仁、食用碱等十多种小料,可谓食不厌精,脍不厌细。麻花用优质大豆油、花生油,在使用前要经过独家配比调制,最后形成最适宜炸制麻花的专用调和油。麻花所用蔗糖是由广西专门的生产基地提供的,由此也确保了每一粒进入车间的蔗糖都是当年新鲜榨制的优质品、放心品。在麻花的生产过程中,专业技师还要根据南北顾客饮食习惯的不同特点,对麻花的含糖量做出相应调整,使美味的麻花更趋人性化。桂发祥麻花所用的桂花选自杭州满觉陇地区,这里素有"十里桂花廊"的美名。经过桂发祥严格筛选的金桂花、银桂花还需储存一年,方可成为十八街麻花的配料,其香味浓厚,回味绵长。

在备料过程中,桂发祥秉承传统手工工艺,一丝不苟。和面,也俗称合皮面。近百年来,桂发祥师傅不断摸索与研究,根据节气、温度、湿度的不同,对水、面等原料的用量,乃至于合面的手法等每一细节,都有不同的要求,严格把控,技艺达到了炉火纯青的地步。关于和馅(合馅),1927年,桂发祥十八街麻花创始之初就以什锦夹馅麻花一枝独秀于天津。合馅、制馅是将适量面粉经过热油浇烫,拌匀,加入适量的砂糖、小料、水、碱面等,再充分拌匀、揉制,直到馅团柔软好用为止。另外,下一工序搓制出的馅条的长度要与同规格的白条一致。

图4-14 天津麻花的老包装

经过刀断剂子后开始压条,压条也称搓白条,是将醒好的面团每剂切成条,然后搓圆、压扁,每条面大约宽 10 厘米,厚 2 至 4 厘米左右。桂发祥麻花的麻条是一大特色。压麻条也称搓麻条,是将已经断好的面坯子放在烫好的麻仁上翻滚,稍稍按压后逐条排列,再用双手搓压,这样才能使麻仁与麻条面坯粘牢,而且光洁有型。压条过后要断条,重量不同的麻花其白条的长度也不同。

接下来是合条,就是把麻条和白条合拢拼对到一起。合条要根据不同规格的麻花按不同比例和数量来加工。如半斤重的麻花,约用 2 根麻条,6 根白条;2 斤重的麻花,约用 3 根麻条,6 至 7 根白条。

麻花拧制成型,也包括搓制成型的过程。桂发祥麻花常见有几种花样。成型时,老技师将馅条放在合条上,通过右手向里侧搓卷,左手往外侧推卷,再双手提起条与馅的两端,迅速合拢,顺势拧成麻花样子。合拢后的两端还要压实。成型的麻花造型周正,拧花分明。至于麻花的花数也大有讲究,如 1 两重的麻花要达到 3 至 3.5 个花,2 两的麻花要有 2.5 至 3 个花,1 斤的麻花要有 4 至 5 个花。

桂发祥麻花的炸制对锅具、工具、时间、温度、速度等诸多方面都有确切要求,真正做到了美味与健康并存,童叟无欺。麻花炸出后呈漂亮的棕黄色,酥松,色泽均匀。麻花的面条起发均匀,无空心、跑馅、粘连等现象,且无异味。最后还有整形、晾凉的环节。如此,一个让人百吃不厌的正宗的桂发祥十八街麻花才制作出来。

在老天津,坊间各处的麻花也有一定的特色。笔者收藏有几张标有"天津特产·东南角酥糖大麻花"的故纸,它原本为麻花外盒贴纸,纸上的二简字颇具看点,比如"糖"的右半部分被写作"广"。1975 年 5 月,中国文字改革委员会提出《第二次汉字简化方案》,两年多以后开始试用,到了 1986 年,国务院批准国家语委《关于废止〈第二次汉字简化方案〉纠正社会用字混乱现象的请示》,从此二简字退出历史舞台。解读故纸是一门复合学问,文字改革往事也是一种研究佐证。

青酱与老醋

老天津酿造的青酱、老醋口味出众,驰誉四方,畅销三北。酱油源自古老的酱,早自秦汉时就已出现。东汉《四民月令》中有言:"正月可作诸酱,至六七月之交,可作鱼酱、肉酱、青酱。"较早使用"酱油"一词的是宋人,林洪著《山家清供》中就有"韭叶嫩者,用姜丝、酱油、滴醋拌食"的记述。

后来,酱油生产技术随鉴真大师传到日本,后相继传入东南亚许多国家。到了清代,清酱、青酱的俗称更为普遍了。民国年间,天津的酱油生产与国内情况大致相同,依旧是传统作坊制造。当时生产的酱油根据酿造工艺也叫套油或双套油(用大豆坯沥下酱汁,然后再放入新豆坯重新沥一遍),其中以万康酱园、信和斋酱园、孟家酱园等所产质量最佳。

1927年,留学日本归国的李惠南在津创办了宏钟酱油厂(后更名红钟酱油厂),开拓了天津酱油酿造业的新局面。

上好的酱油讲究酱汁浓深味美,颜色的深浅表明品质。老酱园、酱坊遍布街巷,人们在那里可以随吃随买酱油、老醋、酱菜等。想熬鱼吃,让孩子带着2分钱拿着小碗到酱园,掌柜的会将酱油、老醋、面酱和其他作料给调配好,方便利民。普通人家的饭食简单,酱油泡米饭或用开水冲酱油汤加点馃子块也照样是美滋滋的一顿。串胡同卖酱醋的大多是近郊的农民,他们带着木桶吆喝不停:"深青酱嘞——独流醋——"

随着生活进步,零打酱油的少了,大瓶酱油成为天津人厨房里的"重磅炸弹",与此同时,宏钟酱油也以上佳品质叩开了国际市场的大门。

再说醋。俗话说:"家有二两醋,不用请大夫。"适量饮醋有益健康,天津人爱吃醋,蘸饺子,烹熬鱼,还有传统的腊八醋,样样离不了。天津人家家必备的独流老醋,与山西陈醋、镇江香醋是驰誉南北的三大名醋。

自古以来,独流小镇便是繁华的水陆码头,海河流域的子牙河、大清河、南运河在天津静海独流汇聚为一流,古镇缘此得名。独流物产富饶,明代,独流归属河间府辖,嘉靖年《河间府志》中即有"独流产鱼醋"的记载。进入清代,独流酿醋业鼎盛发展。传说乾隆皇帝沿运河下江南时途经此地,阵阵飘来的醋香吸引着天子,于是他登岸品尝,滋味果然不同凡响。独流醋让乾隆皇帝龙颜大悦,这佳酿缘此成为贡品,每年腊月时分呈

图4-15 老天津酱油驰誉三北

进皇宫,同时大卖四乡八镇。

光绪三十一年(1905)的《直隶全省商务概况》中载:"天津府静海县独流醋行销天津、河南、山东。"

近水楼台先得月,这昔年的贡品没少让天津卫的老少享口福。传统酱园常常挂着"伏酱"与"陈醋"幌子,"伏"和"陈"代表良好品质。独流一带的农户、小贩每天一早或肩挑或车驮两大桶醋辛苦进城,边走边吆喝:"独流老——醋",那乡音如同桶中的陈酿一样纯正。唤卖声中的"独流"二字占一拍,"老"字拖长腔,"醋"字发音短促,其中的"老"字正是历久陈香的最好说明。两桶醋品质有别,贵贱不同,小贩用半斤或一斤的提(传统量具)给顾客打醋。

上面说了这么多,其实更多得益于这些年来笔者收集的几十样酱油、陈醋、酱园的老商标与小广告,它们大可激发笔端灵感。笔者手边的老商标品种丰富,有特号酱油标、红钟牌酱油标、特制辣酱油标、熏醋标、天津醋标等,大多是笔者少年时代印象深刻的调味品。

图4-16 昔日天津醋品种多

如一张酱油小广告比上述商标时间要早,约是20世纪60年代的,厂名文字一长串:河北省手工业生产联合社邢台专区办事处化学饴糖酱油厂,所产酱油称先进牌。金黄谷穗与红色旗帜衬托下,广告画面呈现欣欣向荣的景象:厂区内,工人师傅忙碌着,他们正在将一箱箱酱油扛到解放牌汽车上,即将运出厂……

　　时光荏苒,今非昔比,时下超市里老抽、生抽、美极鲜等酱油琳琅满目,极大地挑逗着顾客的味蕾。同时,人们也越来越注重纯粮酿造,追求本真的滋味。笔者还听说,酱油炒饭、酱油面条成为某些高级餐厅的招牌美食,怀旧的滋味自不乏食客前来品尝。

第五輯

昨日人文

旧津道与义华帖

　　笔者在旧书市场和老书法家案头接连见到多册老天津义华碑帖社出版的旧字帖,探究兴趣不断。曾几何时,义华碑帖发行量很大,书法爱好者大为获益。民国时期的《天津地理买卖杂字》可谓描摹地域人文、世俗生活的小百科,其中有道:"买碑帖,上义华,天津出版头一家。"据此也可管窥一斑。

　　义华碑帖社在哪儿? 义华碑帖多为传统经折装(类似现代折页),一般在底页会印自家广告,所标地址清清楚楚:"开设天津旧津道"。旧津道不是路名,乃老天津的道署衙门,具体位置在鼓楼东大街,即常说的东门里大街北侧。清道光二十六年(1846)新镌版《津门保甲图说》中可见,道署东侧有经司胡同,西侧为公议胡同,南侧隔街与弥勒庵相对。

　　天津道署历史久。明永乐二年(1404)天津设卫筑城,最初不过是一军事重镇,但漕运、盐业让天津卫活力大增,繁华日起,亟待管理。于是,朝廷与官家相继设立镇署、府署、户部分司、盐运都司署、海运漕运总兵署等众多衙门,天津道衙门便是其中之一。天津道,全称天津兵备道,设于弘治三年(1490),曾隶属山东按察使司,在津设副使一名。兵备道的职责是什么? "专督兵备,凡城池、兵马、词讼、盗贼之事皆隶之",换言之,统辖三卫军事、操练兵马、修建城池,同时兼管司法、财政、安全、运河等诸多事宜,乃天津设巡抚之前的重要机构。

图 5-1 老字帖记录岁月痕迹

担任过整饬天津道副使（加六级）的薛柱斗曾撰《修道署记》，其中称："兵备司于国朝康熙四年间改为整饬天津道署，其署今在学宫之西，仓廒之东，考其形势即故明之初天津左卫署基也。"道署衙门原有房舍众多，康熙九年（1670）薛柱斗到津任职后即进行了大修，"未动民间一夫一草，而数百年之传舍，数十年之颓圮，至此焕然一新而形势全备矣……"文中的"学宫"即文庙，"仓廒"即漕粮仓库，遗地名仓廒街。后来随着权限调整，天津道更名天津河间兵备道。

东门里大街是老城厢重要的权力中心，又是文庙所在地，这一带居住的达官显贵、文人墨客众多，民间素有"东门贵，北门富"一说，文风之盛经久传承。后来的天津义华碑帖社选址于此，所得地利、文脉优势自不待言。

民国时期，义华碑帖社陆续印行过《颜鲁公诗品》《颜鲁公竹山连句》《柳公权玄秘塔》《赵孟頫书读书乐》《欧阳询九成宫》《翁方刚隶书习字帖》《王右军草诀百韵歌》《华世奎烈女碑精华》《潘龄皋弟子规》《刘春霖木兰辞》等一大批精良碑帖。除上述经折碑帖外，20世纪30年代，义华社还以竹纸石印的形式,出版了不少字帖与启蒙相结合的小册子(一般尺寸为 17 厘米×11 厘米),如《郡名百家姓》,封面右上角还特别以大字注明"校正无讹"字样,可知编辑的严谨精神。又如图文本《千字文》,页面中上图下文(字帖),图版有《至圣先师图》《洪武举义图》《炀帝游幸图》《中令勤学图》《李渊起义图》《陈桥即位图》等。类似的本子还有绘图双裱《三字经》《名贤集》《弟子规》之类,不胜枚举。

据天津义华碑帖社广告云,除各种字帖之外,该社还出版普通白话尺牍、正草商务尺牍、大小珠算本、美术金兰谱。值得一提的是,老上海也有一家义华碑帖社,出版过《李瑞清先生魏碑》《何绍基先生墨宝》《黄自元正气歌》《翁方纲初学之宝》《姚孟起陋室铭》《成亲王竹枝词》等。笔者目力有限,虽多方查阅文史资料,但所见义华碑帖社信息微乎其微,暂无从明晰津沪两家的总分号关系,但有一点是明确的,两号在碑帖底页发布的广告,从设计、图案、字样、标识(地球,象征中国传统文化走向世界)是完全一致的,所差仅为"天津旧津道"与"上海平安里"之不同。

甘露寺发现明代"金砖"

　　笔者收藏有一张民国时期天津泰山机械染厂的商标故纸,画名、布匹商品名同为"甘露寺",所绘为《三国演义》中刘备在甘露寺招亲的情节。当然,这张故纸也让读者想起天津的历史故事。

　　1922年7月26日的《益世报》报道,天津甘露寺内宣讲所在建房施工过程中挖出"明朝大砖七块,破裂两块"。甘露寺位于天津南运河北大关(钞关),相当于今北门外大街与河北大街交连处金华桥(旧称钞关浮桥、河北浮桥)旁,对岸就是昔日买卖兴隆的针市街、竹竿巷一带。这一点在清朝乾隆年间的《潞河督运图》与道光二十六年(1846)刊印的《津门保甲图说》中皆清晰可见。

　　甘露寺历史悠久,然始建时间在民间说辞中多语焉不详。经查,目前所知天津最早的志书康熙《天津卫志》中载:"甘露庵,在北门外,河北岸。"又据乾隆《天津府志》表述:"甘露庵,在北门河北岸,明季建,顺治六年重修。"甘露寺也许是明永乐二年(1404)天津设卫筑城后率先兴建的知名庙宇之一。清顺治六年即1649年。

　　甘露寺香火很旺,善男信女游人如织。它位处北门外通京大道,此地为天津商贸中心,近在咫尺还有钞关衙门。钞关是专门收税验货的关卡,早先交税用明代宝钞,故名"钞关"。此关原在武清河西务,随着天津漕运商船往来激增,经济日盛,康熙四年(1665),钞关迁于甘露寺旁,规模更大,且树起标旗,方便税收。刊于光绪十年（1884）的《津门杂记》中有言:"天津钞关,在北门外河北浮桥旁,人称大关,征收水陆出入货物税银。"可见,后来的甘露寺因为钞关发

图 5-2　天津泰山机械染厂的甘露寺牌老商标

达,更加成为天津百姓文化与民俗生活的重要"地标"所在。比如光绪三十一年（1905）夏,津地有识之士为普及社会教育开办了几处通俗讲演所,每晚举行,备有茶水,感兴趣的市民均可参加,其中一处就在甘露寺。

《益世报》文云:"该砖木尺二尺二寸见方……砖之侧面,有天启七年制,并有直隶苏监制官,及窑户姓名。"明天启七年即 1627 年。明代南直隶地区下辖（相当于今）江苏、安徽、上海两省一市,区别于北直隶（京津冀及豫鲁一部分）地区。甘露寺明砖上的"苏"字指苏州府,说明该砖产自苏州。笔者另见类似明砖上也有"直隶苏州府长洲县金行下窑户金××造"之类的印记。

物勒工名,以考其诚。朱元璋定都南京筑城过程中向周边各地大量征砖,并要求砖上留下时间、产地、制造者,甚至各级督造官的信息,目的是确保质量,便于追查。嘉靖年（1522—1566）以前,北方敕建工程、重要建筑用砖一直多由江南,特别是苏州调运。苏州是当时著名的"钦工"用砖产地,苏州砖工精料细,音清声亮,断之无孔,质地极为坚硬,由苏州制造、宫廷专用的细料方砖被誉为"金砖",始终无人能及。民间传说,明朝一块金砖价值一两黄金。明成祖朱棣迁都北京后大兴土木,建造紫禁城,苏州金砖深得皇上赞誉,接续成为明清皇宫建筑的专用品。

甘露寺出土的大方砖尺寸"二尺二",与御用金砖尺寸完全一致,故宫金砖另有二尺、一尺七见方两种。由于精工细制,金砖成品误差极小,同规格的误差不超过一毫米,当然产量也有限。这是此次明砖重现甘露寺的最大亮点,如此也为"金砖"何时何因而存落天津甘露寺留下了更多故事。

根据《益世报》新闻表述,所发掘的七块大砖中的两块经由宣讲所送交社会教育办事处,存于广智馆中。其余五块送直隶博物院陈列,供考古研究用。

为了传扬文化与振兴教育,1915年天津社会教育办事处成立,由著名教育家林墨青主理。后来,在教育家严修的倡导、资助下,从1921年开始筹备,到1925年,林墨青又建成天津广智馆,地点在西北角文昌宫旁。广智馆内的乡土、工农、文化、科技等展览内容十分丰富,对广泛启发增进民智起到了重要作用。甘露寺大砖送交时恰在广智馆筹办期间,急需有价值的文物。直隶博物院即成立于1918年的天津博物院,创办人、首任院长是严修的次子严智怡。

从罗底铺胡同说起

老天津的手工业发达，作坊大多集中在现今的红桥、河北、南开等地，进而叫响了不少以作坊名号命名的胡同里巷。比如，纸作坊胡同(吕祖堂南侧)、牌作坊胡同(于厂大街中段)、鞋作坊胡同(南六马路西南段)、粉房胡同(张家大门街，另一在西湾大街西段)、皮作坊胡同(南开三马路北段)、烧锅胡同(狮子林大街西段)，等等，不胜枚举。

在老城西门里大街有一条300多米长、2米多宽的罗底铺胡同，传说始建于清康熙年间，乾隆年间有个叫郑宜昌的人在这里开办了美庆成罗底铺作坊。老年间，筛米罗面的罗是家家必备的日常用具。罗底是罗米面用的器具底部的网，由铜丝、蚕丝、马尾等编织而成。郑家是祖传的手艺，生意红火，人来人往，此后这条胡同就慢慢被称作罗底铺胡同了。

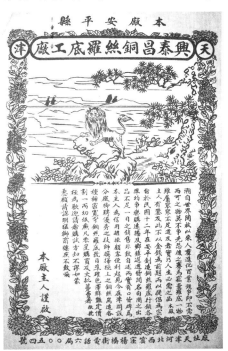

图 5-3　兴泰昌铜丝罗底工厂的广告

顺便要说的是,大名鼎鼎的天津经学家、古文字学家、教育家郑菊如就是罗底铺郑家的后人。他早年留学日本,回到天津后创办了崇化中学,并曾任南开学校讲师和学校的董事。

罗底手工业在老天津不断发展,民国年间在天津河北西窑洼杨桥街还有一家较有规模的兴泰昌铜丝罗底工厂。兴泰昌1923年创办于河北安平,后到天津开办工厂。天津兴泰昌聘请了优秀的技师,选择最好的铜丝材料,专门制造各种疏密宽窄的罗底,力求号目准确,很受顾客欢迎。

当年,天津兴泰昌的广告上描画着自家的"猛狮"商标,并称:世界开放以来,随着生活的进化,百货业的竞争也在加剧。罗底虽不足道,但确是生活必需之品。兴泰昌有鉴于此,不以金钱为前提,而以提倡质量与发展为宗旨,以信用招徕顾客,制造的罗底行销各地,大获好评。为了方便产品在外埠销售,兴泰昌还专门制作过附有铜丝罗底实样的竖长折页式样品册,可以装到信封中,邮寄给顾客。

老商标上的俩地名

对于老广告、老商标收藏而言,笔者很看重故纸内外显现的细节,常自视其为别样的、独特的"文献"资料,所以再小、再普通的画面上,但凡具备一点点有价值的信息,笔者也会动动心思,认真考虑是否要收入麾下。比如,对于故纸上语焉不详的老地名,对于名人名流故居等。故纸与历史人文、民间传说两相交融,遗存至今,必是耐人寻味的。

笔者收藏着一张老天津义兴永玻璃镜子庄的小广告,画面上的"乐壶洞"地名故事颇多。小广告画实为义兴永商号出品的方形面镜背后的装饰衬纸,花花草草,还算漂亮。画面上端有"义兴永"红色大字,其下便是"提倡国货"与"工精价廉真不二价"的字样。再看下端,义兴永广而告之称:"本店自运上等材料专造新式各样铁边木边洋镜发庄。"值得注意的是,下面有一行蓝色小字写着:"倘有无耻之徒假冒本号花样式者,男盗女娼。"早年,玻璃镜子大多为舶来品,堪称时髦摩登之物。可想而知,当时义兴永的镜子很有市场,一定是引来了其他商家的仿制,如若不然,义兴永也不会在广告上亮出此等"狠话"来。

画面两侧标示着义兴永的地址:"开设天津北门外乐壶洞大街中间坐东向西便是。"恰如卖家所言,正是"乐壶洞"三字引人兴趣。

关于天津"乐壶洞"这个地名,现下已很少有人知晓提及了,随着岁月的更迭,它被"北门外""北大关""河北大街"等叫法替代。殊不知,乐

215

图5-4　老商标上的地名值得研究

壶洞及其前身叫法在清代中后期、民国年间是响当当的津城地名，民国《天津地理买卖杂字》中多收民风精粹，其中道："南斜街，磨盘街，毛贾伙巷锅店街。乐壶洞，缸店街，竹竿巷南针市街。"那么，"乐壶洞"缘何而来呢？

早年民间传云，乾隆皇帝有一次下江南驻跸天津时微服私访，他见天津城北门外热闹熙攘，于是巧计脱离了文武大臣一干人马的前呼后拥，独自在街上溜达起来，也算惬意。走着走着，乾隆皇帝发现路边有个老头在卖老人参，顺便上前探问几句。那老头一脸苦相地说："家里出了大事急等用钱，走投无路才拿出祖传的人参来换点银子。"乾隆皇帝心生恻隐，他见人参硕大饱满，很是不错，便掏钱买下了。接着前行，又见赌钱摊前围满了人，好热闹的乾隆皇帝上前观瞧。"呵，瞧这位爷，天庭饱满地阁方圆气宇轩昂真不凡，一看就是好运气的发家有钱人……"乾隆皇帝架不住摊主与看客的虚捧，不明就里，跟着下注碰起运气来。结果呢？先赢后输，最后连外套都输给了人家，只剩内衬便衣了。

话分两厢，当随从们发现乾隆皇帝"丢了"，可吓坏了，无不心急火燎地团团转。大家找了半天才在赌钱摊附近寻见主子，见乾隆皇帝正尴尬地坐在道边正生闷气呢。愿赌服输，其实亏点钱也就罢了，乾隆皇帝心想自己还得了一颗大人参呢。他让下人们看看那人参咋样，没想到大家面面相觑,哭笑不得。乾隆皇帝丈二和尚摸不着头脑,命他们从实说来。原来,那人参是用大萝卜伪装假冒的。这下,乾隆皇帝恼羞成怒,气哼哼地对手下吼道:"这是什么鬼地方,简直就像吃人的老虎洞!"

就这样,"老虎洞"虽不好听,可也算"御赐",此名还是一传十、十传百地叫响了,很多人因此也将北门外一带称为"老虎洞",直到清朝末年。北门外老虎洞一带素来是买卖旺地,当日子进了民国年,气象日新,有的商户愈发觉得"老虎洞"这名字不吉利,不利于做生意,思来想去,有聪明人灵机一动说出了谐音——乐壶洞。

地址、地名搞清楚了,那义兴永玻璃镜子庄为什么择居此地呢?

此地古来便是老城"拱北"通京大道,加之地近南北运河、海河三岔河口之畔,所以很早就成为天津重要的商业中心。这片街区以北门外大街为中心,包括北门里大街、河北大街、估衣街、锅店街、侯家后、洋货街、竹竿巷、针市街等,商店铺户鳞次栉比,从早到晚车水马龙,行人摩肩接踵。做买卖爱扎堆儿,旧时北门外一带有几十户经营玻璃镜子的商户,除义兴永之外,还有同祥涌、恒昌、义顺和、义兴德、润泰祥、天兴等店铺,生意十分兴隆。这样的历史人文与民间传说背景为这张义兴永广告故纸的解读找到了支点。

再来说说另一个"买地名"的故事,且与李叔同——弘一法师有关。

一张民国时期天津同顺和合记的纺织品商标,画面精细描绘着和合二仙的神话故事,形象生动,色彩明丽。画面四角有"完全国货"字样,两侧标"政府注册,放造必究"字样。显然,其中的"放"该是"仿"字之误,不知当时是商家还是画家马虎大意了,就这样大宗地印刷推行出来。如今看,也算错版老商标之一种吧。

老商标下端标示的厂址很是吸引人:"天津河东粮店后街"。1880年,李叔同(名文涛)出生在粮店后街陆家竖胡同2号,后迁居粮店后街62号,并愉快地度过了青少年时代。

"春去秋来,岁月如流,游子伤漂泊。回忆儿时,家居嬉戏,光景宛如昨。茅屋三椽,老梅一树,树底迷藏捉。高枝啼鸟,小川游鱼,曾把闲情托。儿时欢乐,斯乐不可作。儿时欢乐,斯乐不可作。"1921年李叔同(弘一法师)在上海写下了《忆儿时》这首歌,可见他对天津出生地、故居的特殊眷恋。

粮店后街原在天津海河东路北段东侧,北起向河胡同,南至兴隆街。此地位于旧三岔河口以南,连通天津港、海河、运河,南来北往的漕船、粮船云集,是北方重要的商贸码头与粮食集散地,并形成了繁盛的粮栈集聚的粮店街。另外,粮店街内还有乾隆二十六年(1761)兴建的山西会馆。此情此景,在清人所绘的《潞河督运图》中即有充分展现。后来,为了储运装卸方便,各家粮栈纷纷开了门面,进而形成粮店前街、后街。

粮店后街62号就在山西会馆斜对面,是一处占地1400平方米的宏大宅院。据李叔同孙女李丽娟回忆称:"前院为三合院,有北、东、西房各三间,北房后边是一个小后院,只有三间灰土房,东、西各有一小厦子,前院墙下磨石抱角,房上有1米左右高的女儿墙,院内有一棵大树,老宅的不远处就是原北运河的河身(1918年河身裁弯取直后改为东河沿大街),顺河往东是金钟河,沿河是一片树林。"

李叔同在粮店后街故居奠定夯实了文学与艺术基础,结交了名师益友,这里是他人生风帆的起点,艺术生涯的基石。1912年李叔同离津赴沪。2010年,李叔同故居纪念馆在原址成功复建。

文风雅意话笺纸

古有云："床头怪石神仙画,箧里华笺将相书。"笺纸、潢纸自魏晋南北朝源起,雅士们往往自制笺纸,以标榜不随俗流,它也特别成为题咏、书信的尤物,如信笺、诗笺一说。更有甚者在笺纸上印以汉瓦周壶及铭文图样,印以彩色山水花鸟小品,或古香古色,或生动鲜活,缘此,笺纸另有了彩笺、花笺、华笺、锦笺等美名。

佳话如云的《百花诗笺谱》

将彩印花笺编辑成图册,谓"笺谱",特别以名家稿本备受推崇。自唐代"薛涛笺"兴盛以来,明刻吴发祥的《萝轩变古笺谱》与胡正言的《十竹斋笺谱》等皆堪称古笺巨制,及至后来的《百花诗笺谱》《北平笺谱》也是不可多得的佳制。

清末民初的天津文风鼎盛,各大南纸局多兼顾图书刊行,位于估衣街的文美斋当属其中的佼佼者,《百花诗笺谱》便是文美斋主人焦书卿斥资倾心打造的名品。焦书卿出生于清道光二十二年(1842),自少年入文美斋学徒,而立之年斥巨资入股后成为该号的总司。焦书卿以文治商,光绪

图 5-5　漂亮的华笺

年以来,文美斋增售书籍并致力出版,刻印过不少经典。津沽文人墨客、寓公显贵无不赏识文美斋的文房用品与书籍,就连官府衙署的文牍之需也从文美斋取用。光绪十八年(1892),焦书卿特请名画家张兆祥(和庵)绘制笺谱。

张兆祥生于咸丰二年(1852),幼时家贫,但喜欢作画,师从孟毓梓(绣村)学艺,颇受器重,深得要诀。张兆祥的花鸟画兼取西画写生技巧,中西相参融会贯通。在他为《百花诗笺谱》悉心创作的百幅图画中,腊梅、玉兰、波斯菊、丁香、万年青等各种花卉姹紫嫣红,绚丽多姿。每幅画的构图又不乏求同存异之妙,单枝或多枝的枝条走向与伸展富于变化,花木与留白的空间关系也恰到好处,如迎春花从右上部勾画至左下角,如波斯菊居于画面上部,占大半纸页。

宣统三年(1911),文美斋不惜工本,采加料宣纸,用传统木刻版水墨套色印刷(木版水印)的技术,在津隆重刊行了《百花诗笺谱》一函二册,又名《文美斋诗笺谱》。笺谱卷首为桐城派名士张祖翼的题签,及其亲撰的序文。值得一提的是,同时代常见的花笺用色以淡雅、疏朗为主,有的淡得难辨画面,相比之下的《百花诗笺谱》以秀美清妍、雍容丰润的色彩动人,清晰大气,是可作为画谱供初学者临习的。功夫不负有心人,《百花诗笺谱》问世后迅速博得赞誉,被各界公认为绘、刻、印俱佳之作。

鲁迅对笺纸素具钟爱之情,他在1931年的"书账"中有记:"《百花诗笺谱》一函二本。振铎赠。七月二十三日。"鲁迅曾思考,如果有人自备佳纸,印一些色彩很好的笺谱,不独为文房清玩之用,实可谓中国木刻史上的一大纪念。1933年,鲁迅与郑振铎合作编辑出版了《北平笺谱》,成为中国出版史上的一件大事。

花笺映水西

老天津水西庄人文荟萃,往来于此的文化名流们挚爱笺纸。城南诗社与水西庄缘分颇深,1936年重阳节之际,城南诗社四十余位社员再度雅集水西,他们以查莲坡先生的赏菊诗来分韵赋诗,当场抓阄,即席吟咏,盛极一时。天津博物馆藏有本次雅集所得的28首诗稿的手迹故纸,仅以此为例,即可管窥津沽文人对笺纸的一往情深。

纵观故纸,除了常规的"红八行"素笺外,花笺、彩笺的品貌也很丰富,所印图样题材内容有花鸟、山水、人物、吉祥器物等,引人入胜。

笺纸上印有细细的八条红线,俗称红八行,以半生半熟的宣纸为佳,或配信封,早年市面上的南纸局、文具店多有出售。雅集中,陈实铭(南开大学教授)、陈守谦(浙江海宁四才子之一)、张同书(诗人)、严仁泽(严修之孙)、邢之襄(藏书家,曾任天津市政府秘书长)、陈兆光(南开大学讲师)、朱士焕(辑有《稷垣答问》等)、郭春畲(遗有《郭春畲对问》等)、胡季樵(辑有《续金华丛书》)等人皆选用了红八行笺。在这些素笺中,有的是没有四边粗线框的,而是细红线直贯上下。另外,王人文(曾任民国时期参议院议员)使用的是非印制的暗格八行笺。

据纸上标识可知,邢之襄所用红八行笺是上海九华堂厚记出品的。九华堂开办于清光绪十三年(1887),是一家以制作经营笺纸、印泥、扇面、字画、木板水印品为主的老字号,尤以笺纸最为名家、学者所爱。1914年前后,九华堂重分股份,后来出现了"宝记""厚记"等,并在苏州、广州等地多设分号,驰誉南北。中华人民共和国成立后,九华堂与朵云轩合并。再有,胡季樵用的红八行笺是由佩文斋南纸局所制。佩文斋乃康熙皇帝书斋名,又如《佩文韵府》《佩文斋咏物诗选》《佩文斋广群芳谱》等皆为人熟知。

图5-6　名闻南北的《百花诗笺谱》

　　金梁(曾任北洋政府农商部次长)所用笺纸是红十行的,纸页中心有红色"鼎虧"二字,此笺介于素笺与花笺之间。"虧"即"胾",古有"尝鼎一胾"之说,出自《吕氏春秋·察今》。鼎乃炊具,三足两耳;胾是切成块的肉,意为品尝鼎里的一片肉,就可知整个鼎里的肉味了。顺便一说,1925年12月7日,江苏金石书画家王季欢于上海曾创办《鼎胾》美术周刊,专门介绍古玩收藏品,是当时较权威的艺术刊物。

　　从花笺方面看,姚彤章(曾任河北省第一博物院院长)所选的诗笺上淡印有虎伏(虎卧)图案。虎伏图起源甚早,素有龙腾虎伏一说,也是美玉造型的经典吉祥图。再有,张同书也选用了印有古玉图案的笺纸,名《隋玉麟符》。玉麟符是刻有麒麟的玉质符信,《隋书·樊子盖传》中记,隋炀帝为嘉奖樊子盖的功劳,特为其造玉麟符,以表殊遇。此笺为吴大澂的印作,吴大澂是清代著名的金石考古学家、书法家。

　　陈宝泉(曾任河北省教育厅厅长)所用的花卉笺名为《番南金蕊》,是采用黄山寿绘稿印制的。黄山寿毕生致力书画,书法学唐、北魏及清人郑燮、恽寿平等,深得神韵;国画人物、山水、花鸟等也无一不能。黄山寿曾任直隶同知(知府的副职,正五品)。

　　另外,郭啸麓(曾任北洋政府国务院代秘书长、侨务局总裁)所用的花笺上是《刘海戏金蟾图》,为九华堂宝记出品。赵元礼(城南诗社创建人之一,书法家)在此次雅集上所用的笺纸是特别定制的,页面有淡绿色的双钩字:"明灯夜雨楼吟诗启事之笺"。明灯夜雨楼是赵元礼的书室名,寄意于听雨的真趣。1933年,齐白石在《白石诗草》付梓前曾请赵元礼等名流题词。白石老人为表答谢情谊,在当时已封笔山水画的情况下,破例以"明灯夜雨楼"为题,精心绘制了《明灯夜雨楼图》赠与赵元礼。

久经岁月说潢纸

作为古代的名贵纸张——潢纸,又称黄纸、黄麻纸等,是一种经过染色的麻纸,主要以黄檗(落叶乔木,又名黄柏、蘗木)为染剂,纸色最初以黄色为主。《齐民要术》中不仅记载了潢纸的制作方法,还称:"凡潢纸,灭白便是,不宜太深,深色年久色暗也。"这种纸张备受青睐的原因之一就是黄檗皮中含有生物碱,既是染料,又是防虫防蛀之剂,能有效延长纸张的寿命,兼有淡淡的清香。另外,从金木水火土五行对应论来说,黄色是五色中的正色,古人因此常将神圣、庄重之物饰以黄色,抄录经文、刊印典籍、重要文书也选用潢纸,可久经岁月。

顺便一说,唐代人在前人染色潢纸的基础上再优中选优,拣选纤维分布均匀、质地密实的潢纸,又在纸上均匀涂蜡,以致纸张有光泽,莹润艳美,此纸俗称"硬黄纸"。它常用来写经,同时受到舞文弄墨者的宠爱。宋代诗人苏轼曾赋诗赞美:"新诗说尽万物情,硬黄小字临黄庭。"

近世以来,有宽泛的观点认为,现在的染色纸皆可称为潢纸。但现代工业化生产对传统手工的冲击已成为不争的事实,相形之下的潢纸制造不容乐观。笔者近期所收存的浆水潢纸是位于河北省邢台县浆水镇浆水村的大观印社于20世纪80年代末、90年代初出品的,锦盒(匣)包装,潢纸各色,按纸张尺幅大小分为不同几款,大盒内附有信封,小盒内的纸张可作为便笺用。

诗情画意在"华笺"

古人常将质量佳、颜色美的笺纸称作"华笺",唐代花间派词人韦庄在《立春》中有言:"殷勤为作宜春曲,题向华笺帖绣楣。"金车美人在《与谢翱赠答诗》中也不乏绵绵之意:"一纸华笺洒碧云,余香犹在墨犹新。"同时,友情亲情,鸿雁传书,古笺也承托着诸多美好与敬慕的情感,所以"华笺"或"锦笺"又表示对他人来信的敬称。比如,宋人陆游在《畲勾简州启》中云:"忽奉华笺之贶,岂胜末路之荣。"

华笺是一种用熟宣加工印制的彩笺,笔者所藏的几套"华笺"是由浆水镇的座化印馆于1990年推出的,为12开大小的高级锦盒包装,开盒可见李清贤(祖籍浆水)撰写的《华笺序》。序文从"薛涛笺"谈起,述及"华笺"之缘起,言简意赅。读罢方知,此笺初为李氏私印,自用或赠友,后为谋求文化活动经费,而批量推行上市。"华笺"内包括:一,18厘米×20厘米(二联折叠)的素色彩笺40张,轻掀故纸,若有暗香流动;二,36厘米×20厘米(四联折叠)的印有宋人赵葵所绘的《杜甫诗意图》的各色花笺40张,虽是丝网所印,但古趣盎然,似透山水氤氲之气;三,各色仿古暗花图样的宣纸信封40枚,十分雅致。另外一款"华笺"为锦缎面函套装,每函内装四册线装仿古书卷(格子本),每卷尺幅为16厘米×26厘米,瓷青色宣纸封面,古朴大方。

老一代作家、"荷花淀派"创始人孙犁也看重华笺。著名作家铁凝曾在《怀念孙犁先生》一文中回忆:"但我以为,孙犁先生珍爱的不仅仅是衣服……当多年之后,有一次我把友人赠我的几函宣纸精印的华笺寄给孙犁先生时,收到他这样的回信,他说:'同时收到你的来信和惠赠的华笺,我十分喜欢。'但又说:'我一向珍惜纸张,平日写稿写信,用纸亦极不讲究。每遇好纸,笔墨就要拘束,深恐把纸糟蹋了……'"

陆文郁绘城厢市井

陆文郁(1887—1974,字辛农、莘农,别署老辛),近现代天津著名画家、植物学家、诗人、词人,他很早就关注天津民风民情,并妙笔生花,许多津沽市相被活灵活现地描绘记录下来。

细说起来,以《点石斋画报》为代表,近代中国新闻界争办画刊的热潮甚盛。清光绪三十三年春,也就是 1907 年 3 月 23 日,《醒俗画报》在天津创刊,当时已崭露头角的青年陆文郁为首任美术主笔。《醒俗画报》初为旬刊,后改为五日刊。

《醒俗画报》创刊不久即刊出一幅陆文郁绘津地百姓在娘娘宫里祈福求吉图,这幅图原汁原味地画出了当时正殿与中院的景致。画中,正殿檐下挂着"护国保民"和"宇宙精灵"匾额,它为明代万历年间所立。娘娘宫庙市素来热闹,陆文郁也勾画出在正殿月台上的游人中摆地摊的小贩,正吸着旱烟袋坐等买主前来。与时下不同的是,画中月台下有一对石狮,被安放在高石座上。这对石狮年代历久,基座上有存福堂于光绪二十八年(1902)农历八月捐建等字样。观陆文郁图画推测,当时石狮的位置分别在月台东北角、东南角前方三五米的地方,与现下景观不同。陆文郁在画中还绘幼树一棵,位于月台前南侧(现普济泉处)。另外,画中正殿前的高大香炉与现下娘娘宫中主香炉的形制是极为相近的。

再说陆文郁笔下的"狂欢节"。娘娘宫出皇会闻名遐迩,每逢会期人涌如潮。恰好,陆文郁也曾在第一时间于《醒俗画报》上将这一场景描绘出来。那是在光绪三十三年(1907)农历三月二十三、天后娘娘诞辰庆典前一天的天津老城里,当时,参加庆贺活动的乡祠跨鼓会一干人马正行进在西门里大栅栏一带,画中街面上万人攒动,尤其是"各妇女皆描眉拢鬓,饰粉调脂,尽态极妍,争春斗艳"。津门旧俗,会期众人常在街道两旁高搭席棚子看会,也许是棚子里人太多的原因,据陆文郁图配文可知,当日黄昏时分有一间席棚"绳断板塌",棚内正兴高采烈瞧热闹的一些妇女坠跌下来,险些酿成事故。

　　比对清人《天后宫行会图》便可发现,陆文郁所绘完全是"现在时",实况实景新闻性很突出。如果说《天后宫行会图》侧重于"史"的描画,那陆文郁笔下的娘娘宫及相关活动则重于"俗",更贴近老百姓的审美情趣,而二者的相互补充,对专业研究而言是颇有益处与意趣的。

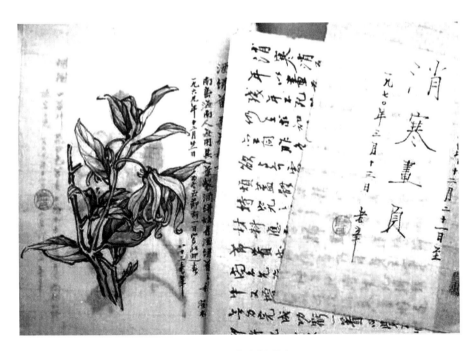

图 5-7　陆文郁手迹

陆文郁不仅是出色的画家,也是一位植物学家。他少年时代师从张兆祥等名家,非常重视包括花草在内的写生绘画,在后来的专业创作中,陆文郁善于从植物学角度入手,对各种植物进行观察、剖析、分类,再以艺术手法表现出来,从结构到设色无不是花草的真实写照,堪称独到,也缘此享有"生物学画派"的美誉。陆文郁在津先后成立过城西画会、天津植物学会等,且办刊编报,著有《植物名汇》《植物名汇补》《诗经草木今释》等传世。

比如,陆文郁借专业视角,特别将旧时画家不常绘入画中的异国仙人掌表现出来,又与怪石、牡丹、白玉兔、鸾凤玉等名物同置一纸,凸显开拓性,其雅其美让人不忍掩卷。

笔者曾找朋友借阅陆文郁的《消寒画页》仔细欣赏研究,精彩至极。画《消寒图》是中国民间冬日民俗的重要组成部分,画《消寒画页》也是陆文郁晚年艺事的一大佳话。据陆惠元撰《陆辛农先生年谱》记载,1963年,陆文郁76岁时已"完成消寒画课,计得水墨画兰、竹、梅、松、石等八十一幅,中有题者十三"。此后的1969年、1970年、1971年、1972年皆有陆文郁在寒冬入九开始"作消寒书课"的表述。

《消寒画页》是陆文郁在1969年12月21日至1970年3月13日间所作,在黄色元书纸上,陆文郁每日绘一折枝花草,或淡墨工笔,或小写意,同时随题说明文字或赋诗一首。当时大环境仍处特殊期,陆文郁心中自有酸楚,加之年迈,他在这组画稿的第二页不仅简述了中国人画《消寒图》的缘起,也写下了自己的心路。文末云:"自身主宰尚不允许,极力把持生死,搏战中又增一岁。此次消寒画游,遂量力完成,功亏一篑心觉可惜,即拼死完成又有何用可哂。"时至1973年冬,陆文郁病情加重,已无力画消寒图了。

书画润例也广告

　　20 世纪二三十年代的天津艺坛人才备举,众多书画名家声远驰誉。书画家以精湛的技艺与优秀的作品获取报酬,他们定下的润例或笔单,从一个侧面显现出天津社会与文化生活中的几许墨色。

　　润例是书画家情愫与身价的折射。作为天津四大书法家之一的华世奎,其功名与书艺为人仰慕。至其晚年,津、京各大南纸局、书局常示有他的润例。华世奎于 1928 年题书的"天津劝业场"五个字获笔润达 500 元(大洋)。当时,一位中学校长的平均月薪不过六七十元,一袋高档面粉的价格仅为 2 元左右,500 元的润资着实让人惊羡。"亚东第一"孟广慧的书法诸体相参,古色独绝,然其家道贫寒,日常生活不免赊欠,即便如此,他对订笔单之事仍抱有自己的观点。他认为,挂了笔单,人家付钱,你就得写,若无笔单,不愿意写就是给多少也可不写。

　　正兴德茶庄于 1926 年在法租界梨栈开办分号之际,欲出高价请孟广慧题匾,他却拒收不写,后来在亲友出面的情况下,他不仅题匾、书联,还分文未取。与"华孟严赵"齐名的张寿的润资与华世奎等人不相上下,曾有附庸高雅者以 200 元求其屏幅十幅,此价虽高,但张寿得知此人品行不端时却执意拒金不书。对于公益事业,华世奎、徐世昌、张寿等名士亦多有不计润资的口碑。

　　有些书画家声闻遐迩后,求作者络绎不绝,实难以应酬,这是书画家不得不挂笔单的又一原因。以"闽南宿学，沽上名家，丹青妙笔，早有定评"而言称的赵松声于1930年秋在天津报章自刊润例广告云："盛名所在，求者踵至，纸如山积，汗如雨下，尽夜挥毫，不足应付。同仁等请公拟润格，藉（借）示限制，催促再三，如蒙首肯。书者庶可节劳，求者当亦不计此锱铢也。因为布列为次：中堂三尺十元，屏幅三尺（条四）二十元，斗方、摺（折）扇每件二元……"

人谓袁世凯的次子袁克文（字寒云）乃民国"四大公子"，他诗酒风流，隶篆真行皆有独到之处。1926年10月，在创刊不久的《北洋画报》中即可见"寒云鬻书"的广告。袁克文之润例为："榜书每字五元（尺内），堂幅每尺五元（行书），屏幅每尺二元（行书），扇面每柄五元，小楷、篆书加倍。"四年后，袁克文的"榜书每字十元，摺（折）扇每柄十元"，而堂幅、单条屏的润资则略降少许。同一时期，曾得溥仪御赐"言炳丹青"匾的前清

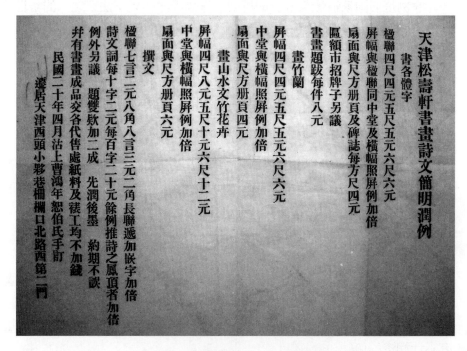

图5-8　书法家曹鸿年1931年的笔单

编修、学部左丞章梫(字一山)寓居在津,因精草书而称誉,以鬻字为生活来源。其"一山书例"订"匾额每字八元,屏幅四尺以内七元,扇面、册页七元"不等。

另一位在津过寓公生活的李准,也有着前清广东水师提督兼巡防营统领的身份。他擅篆隶,日日临池,发誓以篆书写《十三经》,并题写过"大公报"名。李准的"军门书例"所示与袁克文、章一山等人的润格相近,成为当时书画市场润资的主流参照。比对 20 世纪 30 年代初的天津统计资料,中学教员的平均月工资为 53.1 元,海河工程局(中外合办)职员的工资为 85.8 元,鬻书为生的日子或许不乏其殷实的一面。

书画家习惯在润例的结尾特别注明:"先润后墨,墨费加一,劣纸不书,限日(10 日至 30 日不等)取件"之类的辞令。润例所示代收、代办处以南纸局、报馆、书局、笺扇店为主,同时注明本人所居地址。润例的传播有报刊广告和印发润格单张挂于代办处或传阅等不同形式。1931 年 4 月,享"艺林独步"之誉的书画名家曹鸿年迁居西头小伙巷栅栏口后,重新印行了书画诗文润例。润格单为宣纸石印,涉及书各体字、画竹兰、画山水文竹花卉、撰文、中堂、楹联、屏幅、扇面、册页、匾额、碑志等润例条目清晰、详尽。润格单最末还特别注明"约期不误"和"有书画成品交各代售处,纸料及裱工均不加钱"等文字。

妙手丹青

广告招贴、包装装潢、品牌商标等均以美的图画与设计吸引人，通过印刷、加工为工商服务，并成为专门的艺术。天津老一代商业美术家在中国工艺美术史上也曾描绘出辉煌的篇章。

回望津门商业美术历程，首先提及的应是华中印刷局。20 世纪 20 年代至 40 年代，华中印刷局图画部如同磁石一般聚集了许多顶尖水平的画家。

人称"省爷"的宋省三大名鼎鼎，享有津门商业美术鼻祖的美誉。宋省三约出生于光绪末年，他身材清瘦，长袍马褂，很是精神。宋省三原是画靴鞋花样出身，约于 20 世纪 20 年代中期被华中印刷局垂青入厂。此时，天津发达的工商业使广告装潢美术品的需求空间日趋增大，华中印刷局的老板瞄准这一市场，诚请宋省三收徒，以加强设计力量。"省爷"慧眼识金，陈其华、陈嘉祥、赵松涛、李应科等青年才俊相继为华中印刷局注入了活力。华中印刷局最兴旺时拥有二十多位美术人才。

虽名为拜师收徒，但在当时已或多或少地摒弃了封建的师徒尊卑，和谐氛围中的老少常是一种半师半徒、半工半友的关系。擅绘图画的，专写美术字的，互补长短。在商业美术学科仍为雏形的情况下，天资聪明的陈其华、陈嘉祥等边干边学，在厂方的支持下，往来于画会、学校，勤勉求索，花鸟、山水、素描、水粉的技艺日日精进，很快成为了华中印刷局的台柱子。

图 5-9　陈其华绘制的《九龙壁》商标图

陈嘉祥先生的代表作"恒大牌"烟标闻名至今,自不待言。除此之外,他设计的天津"手牌"火柴贴花,16 幅图中的手势巧妙变化,相映成趣,开中国"套花"之先河,弥足珍贵。陈其华的交流牌、陈嘉祥的滑冰牌印染布贴标,画面造型生动,色彩丰富,其水准之高显而易见。赵松涛先生后来更是成为著名的国画大家和美术教育家。

20 世纪 30 年代,天津良好的社会文化与工商环境对南方城市的广告经营者而言无疑是极具吸引力的。津门广告社中的"三和一祥"颇有影响,来自粤港的梁宝和创办的宝和社即是其中之一。宝和社曾在《北洋画报》等媒体自刊大幅图画广告,文曰:"商用美术专家梁宝和,法租界马家口基泰大楼二层。"梁宝和还拥有独特的标志"记号",并创办实用美术画会培训学员。40 年代中期,上海荣昌祥广告天津分公司几乎垄断了天津的户外路牌广告业务。值得一提的是,著名花鸟画家、教育家穆仲芹先生在青年时代曾任荣昌祥的总体设计师,设计出不少的优秀作品。

笔者曾采访过天津商业美术前辈李丹池。李丹池自幼痴画,五六岁时就能将桌椅的透视关系表现得恰到好处。他毕业于天津公立育才商科学校,19岁到北门里志成制罐厂学徒,业师张壮一,后来成为天津商业美术界的骨干力量。

老字号正兴德茶庄、泉祥鸿茶庄的茶罐多是由志成花铁印刷制罐厂承制的。正兴德对陈其华或风景或几何图案的新颖画样格外青睐,点名要求志成采用。或许应了"艺术无价"那句话,志成老板以每月200多元的高薪聘请陈其华加盟,当时在全国同业引起了不小的轰动。人们夸赞天津画家"牛",画稿值钱。如此,现代商业美术潮头之地——上海的一些人才亦趋势来津。上海画家陈在新以出色的画技在志成接替了陈其华的工作。以后,原为图画教员的张壮一来到志成,后收徒李丹池。设计人员虽不断更迭,但志成的包装画样却与时俱进,赢得了广泛的好评。这正是竞争的结果。

图5-10　成兴茶庄广告署名"红叶"

老天津画坛人才辈出,油画、雕塑科班出身的王华勋(王羽)及贾金铭(贾政)专为明星、光明等大电影院画广告。此外,李松如、徐光焘等画家也活跃于当时的商业美术界,另业一师的肖向新、张守明及张玉才皆各有所长。肖向新设计的山水画最令人叫绝,连环画功底深厚的张玉才更专于路牌广告。画家们常在画稿一角落款钤印(或画印),如陈嘉祥写"嘉羊",肖向新题"红叶",张守明标"大明",张壮一注"莊(庄)宜"等。在业内,人称肖向新、李应科、赵松涛、李丹池为"四大金刚",而供职宝和广告社的窦姓叔侄有"和合二圣"之雅号。

　　商业美术画家的名气大小,除自身的水平外,与其所服务的商品驰名度有重要的关系。如今,一些品牌历久不衰,其实是画家艺术生命的最好的延续。

《商报》上早有"天津卫"

民国时期天津新闻出版业发达,大小报纸众多,如20世纪二三十年代的《大公报》《益世报》《庸报》和《商报》就享有"四大报"之誉。《商报》创办于1928年5月,由原在《庸报》供职的王镂冰、永兴洋行买办叶庸方等人合资经营,并延聘著名报人王芸生任总编辑,报纸办得风生水起。

笔者收藏有几份1934年四五月间的《商报》,其中的"天津卫"版引人注目。该版一般被安排在第六版,类似如今的本地新闻版。"天津卫"左上角专门配有刊头画,竖长如条屏,白描勾勒,煞是美观。画中下方绘有天津老城标志建筑——鼓楼,从券门看,还是1921年鼓楼重建前的旧貌。鼓楼墩台上左侧立有幡杆,高悬的旗帜迎风招展。画面中上部大面积留白,只用几条斜向横线来表示蔚蓝的天空,空中的三五飞燕似寓高远立意。恰恰是这大面积的留白,突出了"天津卫"三个美术体大字。值得注意的是,画面左下角以变形字组合的形式署"风荷"二字,该是设计者的名号。

1934年4月27日的"天津卫"上刊载了一则《修建大红桥已拟定初步设计》新闻,虽不是头条,却是老天津桥梁建设的重要节点讯息。钢结构单孔拱式大红桥位于子牙河与北运河交汇处,始建于清光绪十四年(1888),它跨径大,桥面高,颇似长虹,故称"虹桥",老百姓又俗谓"大红桥"。1924年,此桥因年久失修被洪水冲毁。近十年后,天津有关方面又开始筹建新桥。这则消息称:"工委会定于今日开会取决关于修建大红桥工程。工委会前曾托由东方铁厂设计桥梁式样,该厂已将洋灰及钢铁两种桥梁设计估算拟定,送会审查……"最终,建设人员吸取了前桥教训,加固护岸,加大孔径。1937年,新建的大红桥以多孔开启式钢铁桥的面貌呈现于世,驰誉三津,后来的红桥区即缘此命名。

刊于同日版面上的《华慧麟出演春和》《〈人生〉在河北重演》等文化新闻也有看点。京剧名旦华慧麟早年即得名师亲传,曾与周信芳合演诸多名段,后又拜王瑶卿、梅兰芳为师,学得《十三妹》《武家坡》《宝莲灯》《霸王别姬》等。她嗓音清亮甜润,在吐字发音、用气行腔上堪称通达流畅、周正大方,表演韵味醇厚。当时,华慧麟在春和戏院上演了《玉堂春》《棋盘山》等,"天津卫"新闻中特称:"明日早晚戏码均硬"。再来说说电影《人生》在津的情况。费穆是民国时期卓有才能的导演,1934年上映的《人生》是其代表作之一。新闻中描述这部影片"比《城市之夜》无论在内容与技巧上更为进步。本埠河北电影院日前公映此片,售座之佳,出乎意外"。

《商报》在津受欢迎、发行广,天津商家也更看重"土生土长"的"天津卫"版,故纷纷在此刊登广告,最多时甚至可占掉四分之三的版面。

《中华书局仿宋版精印五开大本〈四部备要〉预约》的广告大字赫然醒目在"天津卫"上。当时,《四部备要》丛书的出版轰动文化界,全书依经、史、子、集四部分类,用仿宋活字按旧线装书格式排印,古香古色,可与清代最精之仿宋刊媲美。《四部备要》所收各书以常见常用带注之本为主,这也为一般读者阅读古典文献提供了便利。广告称:"全书三百五十一种,计一万一千三百零五卷,分订两千五百册,用特种连史纸。"这套书定价为1200元(大洋),每册"照预约价"只合2角4分。此书刊印工程浩大,发行量有限,广告文提示读者:"预约日期四月底止,购者从速,勿失良机。"

  "天津卫"版上还可见天津第一家私营商业广播电台——仁昌台的广告。仁昌号是老天津知名的绸缎庄,为了便于自家宣传,也意在紧跟时尚,商家于1932年在法租界梨栈(今劝业场一带)借用大新绸缎庄楼上的房间,开办了广播电台。仁昌台的节目以曲艺节目为主,中间插播广告。据1934年4月27日"天津卫"版上的仁昌电台节目表显示:下午1:00到2:00放送最新唱片,3:00至5:00的节目有儿童故事、家庭常识、英语教授等,晚间8:00至12:00播送气象预报、经济报告、名票清唱等。虽然仁昌台的广告插播较多,但还是大大丰富了天津听众的文娱生活。

石版印刷在天津

石版印刷术是 1796 年由德国人塞纳菲尔德发明的。石版印刷所用石材具有质地细密、多孔善吸水的特点,并能较长时间地保留水分在版石上。制版者、绘画者用脂肪性的物质在版石上直接描绘图画或书写文字,再经过化学腐蚀制成的石版(印版),然后进行印刷。制版时用专门笔尖的钢笔和几支毛笔,在石板上用脂肪质墨液点绘,线条和平板部分用毛笔描绘。色彩深浅和形象表现全靠笔尖的各式点来完成,很费人工。这种初期的石版印刷术也称为"绘石"石印。绘石工艺简单,只能用来印刷简单、线条图文印件。

清代中后期,随着西方传教士的东来,石版印刷术传入中国,最初只是印刷一些布道的小册子或其他简单印件。道光十一年(1831)前后,英国传教士麦都思来到澳门,他在当地设立了一个印刷所。大致一年后,麦都思又在广州设立了一个石印所,印刷中文书籍。近代中国口岸开埠后,石版印刷术很快传到了开放城市——上海,英国商人美查于光绪三年(1877)在上海开设了点石斋印书局并购进了手摇石印机。此后,石印书籍很快出现了规模刊行的繁荣局面。

戊戌变法中,严复在天津创立了《国文报》,他率先利用石印技术出版报纸,并刊登了《天演论》等重要文章。

后来,有人不断摸索经验,通过转写纸、转写墨、照相等技术方法,将

图5-11　润修堂刻字石印局老广告

图文间接转印于石版之上,这种印刷工艺被称为"落石"。落石工艺复杂,分彩色石印和照相石印两种,对石版印刷技术起到了很大的拓展作用。技术纯熟的五彩石印在光绪末年出现在中国时,约为1902年。

彩色石印工艺大致分为彩色原稿、描刻轮廓、填红粉、落石、分色描绘、翻制印版、版面处理、印刷等环节。具体操作大致如下:先将玻璃纸(或称胶纸)覆在彩色原稿上,用尖钢笔依图描刻。然后在描刻过的玻璃纸上的针缝中填入红色的砥粉,再将这张玻璃纸反复在石面上压印,经过加压使红粉落在石面上。然后按照原稿的轮廓和色度进行分色、分石描绘,再将描绘好的各色石版翻制成印版。最后采用依次套印的方法印成彩色图画。当时,彩色石印制版技术以日本技师的水平较为高超。

彩色石印的出现颠覆了中国年画的传统木版印刷技术,杨柳青年画、桃花坞年画纷纷改用石印,或套印,或敷彩,虽然水平参差不齐,但它大踏步地进入了改良时期。

辛亥革命以后,天津多家石印局相继开业,比如华中、富华、协成、源合、永兴、霖记等,这些厂家最初都是以石印名片为主的小作坊,后来深得石印年画的兴盛之气,引进日本和德国的石印机器印年画,很快发达起来。据说,获利最大的是富华厂,一年印制年画可达几千万张。当时,天津老城厢的年画批发店鳞次栉比,年销量巨大,风行三北地区。

与此同时,桃花坞年画在上海也有了全新的发展,几乎垄断了南方市场。不久,石印"美人画"改用擦笔水彩画法,成为备受欢迎的月份牌年画,并逐渐改用胶印。

随着现代印刷术的进步,彩色石印技术至20世纪40年代迅速衰落,到50年代基本绝迹。

印字馆促进出版发展

天津解放北路 189 号有一幢巴伐利亚风格的楼宇,它在天津的小洋楼世界里虽算不得最漂亮的,却备受关注——这里是原天津印字馆所在地,也是天津首家采用铅字的印刷厂,推动了天津近代传媒业与印刷业的发展。

印字馆的前身名叫天津印刷公司,为当时任职天津海关税务司的英籍德国人德璀琳在清光绪十二年(1886)创办《时报》后开办的。

天津印刷公司的这幢楼的建筑面积 3000 平方米有余,由英商永固工程司的库克和安德森设计,为砖混合结构二层楼房,三层为屋顶间,正立面为混水墙面,部分为细卵石墙面,前部山墙临街,大坡屋顶。建筑的立面采用玻璃和实墙交替使用的手法,既保证了采光,又丰富了层次,可谓英式民居建筑与现代建筑的良好结合之例。

百余年前,西方先进的印刷技术与设备出现在津城不是偶然的。近代天津开埠后,西方列强相继在天津开设租界,外国人在政治、经济、军事、文化各个方面对天津加以控制的过程中,深刻地意识到文化宣传方面的重要引导作用。英租界、法租界设立较早,地势也大,针对宣传的问题,身担要职的德璀琳心知肚明。光绪十二年十月十一日(1886 年 11 月 16日)德璀琳与怡和洋行的笳臣创办了天津的第一份中文报纸——《时报》(该报分为中英文两种版本),催生了天津近代新闻出版业。光绪二十年

（1894），英国人贝林汉姆、伍德海主编的英文版《京津泰晤士报》在津创刊。

　　良好的印刷设备是办报的关键，操办《时报》的德璀琳很快成立了印刷公司，并将铅字印刷引进天津。

　　说到天津印字馆的开办，不能不提到汉纳根。汉纳根1855年生于德国贵族家庭，后来成为德军普鲁士陆军炮兵上尉，1879年被清廷驻柏林使馆聘用，来中国并担任了李鸿章的副官，深得器重。光绪十二年，汉纳根从旅顺来到天津，在李鸿章所办的北洋武备学堂任教官，参与了北洋新军的组建。

　　汉纳根来津后成为德璀琳的女婿，在光绪二十一年（1895）创办了天津第二种中文报纸《直报》。汉纳根借助德璀琳的力量，兴办了井陉煤矿、赛马场等实业，大获收益，并投资将岳父的印刷公司改为天津印字馆，天津印字馆成为天津最早拥有铅字印刷设备的印刷厂。关于改建印字馆的缘由，1895年4月的《直报》上写得很清楚："原拟于三月间加足八幅

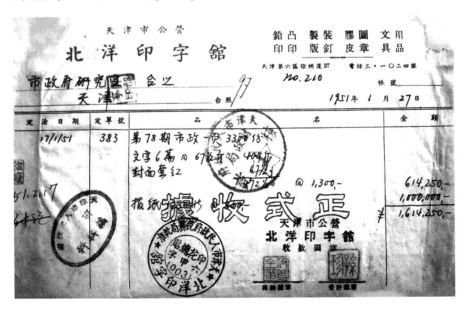

图5-12　天津印字馆在1951年更名为北洋印字馆

……讵昨沪上寄来铅字,生僻字数交到不少,合用者仍属寥寥,碍难骤增八幅之数。"

印字馆的创设全面提升了当时报纸的质量。印字馆独立铸铅字不仅使用灵活快捷,又可反复使用,适宜机器印刷,并确保了字迹的清晰工整。重要的是,印刷机的引入让天津逐渐告别了臂摇手推的人工印刷模式,机械印刷轻而易举地大大提高了印刷的数量与质量。

路透社天津分社以及《京津泰晤士报》等也都以印字馆为大本营开展业务,著名记者爱泼斯坦就曾在此工作过。印字馆不仅出版报纸,还编印了大量国外科技书刊,影响尤其显著。

1918 年德国战败,汉纳根随着很多德侨被遣送回德国。当他 1921年再次来到天津时,一切都已经不属于他了……1949 年天津解放后,印字馆被政府接收,改为市政府印刷厂。

图书业素描

　　天津古来商业发达,文风鼎盛,尽得风气之先。传统的官刻、坊刻、私刻为津门书籍印行的三大系统,好书层出不穷,也曾出现了不少知名的书局、书店、旧书商,以及徐世昌、卢木斋、章钰、金钺、傅增湘、周叔弢,乃至孙犁、姜德明等驰誉南北的大藏书家。

　　自明正统元年(1436)天津文庙开办卫学以来,各类教育教学机构如雨后春笋,至清康熙年间,更高一级的书院相继出现。教育、中医药文化对书籍需求量的增加,为天津书坊出版的兴起提供了发展空间。比如在乾隆末年,天津三树堂刊刻有两卷医书《达生编》,书末标注:"此版本存天津东浮北司衙门口文汇斋刻字铺,如愿印送者,每本工料大钱二十五文。"这样的文字对该书的进一步传播起到了重要作用。光绪七年(1881)天津官书局开始筹建,位于老城中心鼓楼南问津书院内。鉴于南方印书胜于北方,官书局就从南方各省采办佳书来津发售,颇有影响。

文风鼎盛的大胡同

　　光绪二十六年(1900)庚子之乱以后,京城的达官显贵、文人墨客纷纷来到天津租界寓居,兴学之风更盛一时,因而带来了书市多层面发展的必要性。

天津早年的书坊大部分位于老城北门外大胡同、东门外东马路(东北角)一带。另外,北洋新政以来开辟了河北新区,打通了大经路(今中山路,与东马路相连),北洋师范学堂、北洋女子师范学堂、直隶高等工业学堂、直隶法政专门学校、直隶水产专门学校等相继建立。由此,莘莘学子、文人墨客更是在这一带往来频仍。

大学问家刘春霖(中国历史上最后一名状元)于光绪三十四年(1908)在保定创办了直隶官书局,随即又在天津大胡同北马路开设分号,从整体上拉动了这一区域书坊、书局业的发展,新象顿生。直隶官书局也逐渐替代了原天津官书局的业务。

辛亥革命后,出版先锋城市上海的几家书业大户便看上了大胡同这块风水宝地,纷纷驻庄于此,设立分支。商务印书馆捷足先登,文明书局、中华书局、世界书局接踵而至,此后陆续开业的还有大东书局、大众书局、文化书局、江东书局、南洋书店、华新书局、东亚书局、集成书局、华洋书社、联益书局等。几年间,这里书店林立,书香氤氲,成为全国新书的荟萃之地,让人流连忘返。

直隶书局也代销寄售大量商务印书馆编印的教科书,这无疑形成了良好的市场合作氛围。上海、北京等地新书的及时流通,为天津文化事业的发展带来了生机与活力。天津口岸腹地广阔,远涉三北地区,书店经营者得近水楼台之便,他们从三岔河口而发,图书贸易往来于三北市场。

大胡同估衣街是老天津商业的发祥地之一,繁华熙攘,客商、游人摩肩接踵,着实为图书业铺就了好市场。翰墨斋、德聚魁、戴月轩等十多家南纸局遍布,经营文具纸张,也兼顾线装书籍的经销。其中,文美斋可谓大名鼎鼎,店内文书纸、毛边纸、生熟宣纸一应俱全,名贵的雨雪笺、胡笔、徽墨、端砚等同样满目琳琅,吸引着文人墨客。

五四运动以来,爱国进步书刊大量在天津涌现,如《觉悟》《平民》《新生》《醒世》等。1919年成立的南开书报贩卖团,1922年成立的五五书报代卖社,其规模虽然不大,但开创了传播革命火种的先河。稍后成立的天津书局也以销售新思潮书刊而著称。中国共产党在天津的地下组织还先后出版了《北方红旗》《天津青年》《出路》等大量革命刊物。

20世纪二三十年代,除了集中在大胡同的许多书局外,天津市内销售新旧图书的还有一些知名的书店,如新明书局(北门里)、求古堂(北门里)、仰古斋(北门西)、文林阁(东门里)、宝林堂(东门里)、培远书庄(东门里,后更名宏雅堂)、文益书局(东门里)、希古斋(东马路)、大道书局(东马路)、文元书局(西北角)、博古书局(西北角)、尊古斋(西北角)、荣记书局(南马路)、茹芗阁(荣业大街,后天祥商场)、养静斋(荣业大街)等,以及法租界内的文在堂、忠厚书庄、永和书局、大业书局、百城书局、佩文斋等。如上书店在当时大多以销售新书、收售旧书为主,自行编辑出版业务涉及不多。

同一时期,天津的大量学术著作大多由高等院校、机关团体自行出版,南开大学、北洋大学、工商学院等不断有出版物问世,其中以南开大学出版最多。

当时,天津民间坊刻、私刻书籍出版依然流行,出版者大多为殷实富家,他们不图获利,只求传世。这些坊间书籍以文集汇编、地方史文献为主,学术价值同样不可低估。

当年,北方书店、知识书店在天津是非常值得一提的,二者均为共产党在津的地下

图5-13　世界图书局包装纸

组织开办。北方书店创办于 1930 年,地址在法租界 24 号路(今长春道);知识书店开业于 1936 年,地址在国民饭店楼下的铺面。这两家书店既销售爱国进步书刊,也是地下工作的秘密联络点。

从天祥旧书市说到通俗小说

七七事变后,天津被占领,包括大胡同在内的,曾经文风驰荡的天津新旧书业难逃劫难,暂时凋零。日寇占领天津时,进步的书店难以立足,天祥百货大市场(天祥商场)内的旧书市对天津书业与文化的发展起到了重要作用。

天祥商场旧书市形成于 20 世纪 20 年代中期。其中二楼、三楼的旧书店、旧书摊不下三四十家,经营古旧书籍、碑帖字画、新书等。如二楼有瑞记、兴华、文风、连华、福兴、振兴、凯基、新基、志远、竹林、天禄、中流、奔流、中兴、广兴、群友、文华、大文、华通、茹芗阁、维新、华东、光明、先进、鸿雅堂、振记、玉记、存仁、复兴、庆记、英志等书店、书摊;三楼有美丽、永和、校经、大华、中西、龙门、新中、耕余、大众等书店、书摊,生意稍逊于二楼。

历史上,许多文化名流都曾在天祥旧书市淘书,此间充满了人文往事与传奇故事,佳话如云。

与天祥商场紧邻的劝业场内也有几家书店,如东亚书局、德记书店、藻玉堂等。藻玉堂颇有名气,常会收进一些名刻古籍出售。马路对面的泰康商场内又驻有多家书店,如东莱阁、宏雅堂、崑记书报社等。

20 世纪 30 年代,天津出版对北派通俗小说的发展起到了极其重要的传播作用。天津地域文化与民俗民风使市井通俗小说拥有广泛的群众基础。进入民国后,天津的大小报纸皆以连载情节曲折的长篇通俗小说为乐事,进而吸引读者,就连《大公报》《益世报》《庸报》《商报》等也未能免俗。由此也培养了不少优秀的通俗小说作家,如刘云若、郑证因、赵焕亭、还珠楼主、朱贞木、戴愚庵、宫白羽等。

　　小说在报纸上连载后常常会刊印成书，广为传播，像几家有实力的大报往往自行出版，而天津书局、大业书局、五洲书局、大昌书局、诚文信书局、励志出版社、文华出版社，以及个别广告公司等也争相出版，大为获利。

　　有一点需要谈及，一些书店不畏日寇统治，顶住国民党特务的骚扰，依旧向读者提供革命进步书籍，如马列主义著作、毛泽东著作，以及《大众哲学》《西行漫记》《母亲》《铁流》《静静的顿河》等，还有鲁迅、巴金、茅盾、郭沫若、曹禺、老舍等作家的优秀作品，不断传播着革命的火种。比如，1945 年 12 月，几名进步青年集资开办了天津第二家知识书店，地点在北安桥旁的辽北路，照例经销进步书籍……

　　中华人民共和国成立后，知识书店迁往罗斯福路（今和平路）扩大营业，并建立编辑部，很快发展壮大成为集出版、印刷、发行于一体的文化事业单位。1952 年，在知识书店编辑部的基础上组建了通俗出版社，1956年改组为天津人民出版社，天津的出版事业由此迈向了新的里程。

图书广告

　　广告，这传统意义上的告白形式，不仅仅是市场经济的代言，对优秀文化的传播作用也是显而易见的。

　　光绪十二年（1886）四月，天津首家中文报纸《时报》创刊，该报增刊广告后不久，一则"加批红楼梦图咏出售"的广告跃然版面，令人耳目一新。广告词晓知读者：针对《红楼梦》版本良莠不齐的情况，编者诚请画坛高手精心绘图，详细校对，欢迎赐顾，此书在文美斋南纸局及苏沪各书坊代售。另外，张焘所著、成书于光绪十年（1884）的《津门杂记》是研究天津地方史的重要文献之一，《津门杂记》等也由文美斋代售，其广告出现在了同一时期的《时报》上。

　　光绪三十二年(1906)，京津泰晤士报、商务印书馆连续在天津《大公报》刊登广告，宣传其发行、代售的35巨册的《大英百科全书》。光绪三十四年(1908)，天津求古堂书铺在《大公报》上刊登了这样一则推销书籍的广告："庚子乱后，书籍散亡，元刊旧椠，价昂百倍。本堂主人念搜罗之不易，叹商贾之居奇，因广筹资本，分赴各省购求名刻古本，充栋汗牛，几于大备，售价又一概从廉，以为好古之助……兹择于十月二十七日新张于北门内，务望光顾，以证不欺。"

　　1921年2月，《大公报》曾特别刊发广告，称："兼办印刷华洋文书籍……现世界进化物质愈尚文明，本馆不惜工料，精益求精。"该报对文化的热心传播之志可见一斑。20世纪30年代，商务印书馆、生活书店、读书出版社、北方书店等，也常以天津

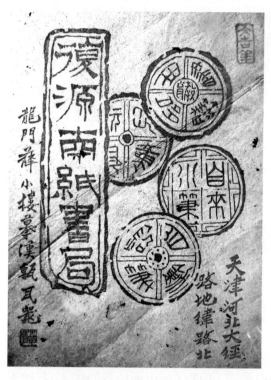

图5-14　复源南纸书局也代售图书

报刊广告为纽带，向读者介绍经典书籍与优秀文化，受到读者的普遍欢迎。1934年，中华书局隆重推出了聚珍仿宋版《四部备要》，其在《大公报》广告中说："选切实有用之书，依最精最善之本，字体大小适宜，既经济又不伤目力，书品特别宽大，五开大本天地放宽。"

第六辑

朝花夕拾

小画上的城门与牌楼

中华人民共和国成立初期,工商企业依旧不断推出五光十色的商标画,爱国、奋进、憧憬之情感跃然纸上。

当时,天津同庆机器漂染厂紧随形势,迅速推出同庆牌色布,其商标画描绘着各界人士列队欢庆的场面。大家从老城门走来,正通过一处彩牌楼。先说城门,这究竟是哪座城的哪一门呢?尽管城门上有"和平"二字门额,但城楼模样,特别是门洞,与北京、南京等地的和平门是不同的。

根据画风及笔者长期收藏研究经验推测,此画极有可能是厂商委托天津本地画家绘制的,难道画中城楼与牌楼的灵感源自天津鼓楼东门与东门外文庙牌楼一线?

图6-1　故纸表达了人民同庆同贺的喜悦之情

可细节也似是而非。尽管如此,从画面景致递进层面看,画中城楼与津门风貌大有异曲同工之妙。毕竟,绘画源于生活,高于生活。

细看牌楼上方正中有红底金边匾额,上书"建国"二字,匾下又置横额,上书"普天同庆"四字,无不紧扣时代主题。牌楼上方另有左右横额,以"自力""更生"昭示民众。口号"自力更生"早已深入人心,它是1945年8月毛泽东在延安干部会议上所作《抗日战争胜利后的时局和我们的方针》演说中提出的。

再看众人都举着彩灯前行,按灯笼上的字样可管窥那年月职业"排序"一斑,如:工、商、士、兵、农。画中人的衣着打扮都与职业紧密贴合,非常典型,有穿长袍、戴礼帽的传统生意人,有穿旗袍或时髦裙装的女教师,有穿西装的工商绅士等,描画得细致入微,人人兴高采烈,同庆同贺。

努力实现第一个五年计划

　　我国第一个五年计划始于 1953 年,全国人民为此而鼓足干劲。笔者收藏有几张当时与文具商品相配的广告小画片,图中企业干部二人对坐,一人伏案书写计划书,一人在读当天的报纸,学习最新指示精神。左上角的两行字明确了主题:"设计基本建设完成五年计划第一年光荣任务。"随着生产建设要求不断提升,劳动者的思想、技术需要更新进步,学习便显得尤为重要了。另一画片上画着工程技术人员正在建设一片新厂区,他们开现场会谋发展,看图纸的、架电线的、吊装的、运输的,人人都在忙碌,随文称,"努力学习,刷净陈腐思想",以利更进一步建设国家。

　　还有一幅异形商标画,画页左右两边是锯齿样的,从广告新奇特的角度而言,当可加分。商标画为景星印染厂三星牌色布所用,图中照例是工厂繁忙生产图,只见大汽车运来满满一车白布,工人们忙着卸下背进厂房。

图 6-2　小广告画片反映时代生活

255

细看图左侧远景也有劳动者的身影，他们正将染好的大宗红布吊装上车，准备投放市场。更远处的车间高楼金碧辉煌，令人为之骄傲，为之振奋。

巧借，不仅适用于广告创意，也可为"拿来主义"。除了对开大幅年画，早年的 8 开或 16 开小年画也很流行，有的厂商为快捷发布广告，索性大宗购买小年画，然后在上面加印自家广告。20 世纪 50 年代，中国药材公司天津市公司天津达仁堂制药厂、乐仁堂制药厂就利用上海版年画《跑旱船》的画面，加印妇科药"女金丹"广告，免费发赠百姓。值得一提的是，画中旱船的船帮上写有"走社会主义道路"大红标语，异常醒目。

老广告、老商标画激发着民众的爱国热情，鼓舞着百姓建设国家的奋斗精神……众志成城，第一个五年计划提前完成，我国开始改变工业落后的面貌，向社会主义工业化大步迈进。

图 6-3　工农业欣欣向荣的景象展现在故纸上

五彩图画声援抗美援朝

20 世纪 50 年代初朝鲜战争爆发后，天津人民积极开展声援运动，热情分外高涨，涉及社会生产生活各个层面，工商业及相关广告当然也不例外。

笔者的故纸藏品中有一张时代特色鲜明的点心笺花纸，它是天津锅店街金店胡同商益印刷厂印的，画面中有两个可爱的孩子，他们怀里各抱一只鸽子，图画周围还有牡丹装饰，整体氛围和谐温馨。

其实，此画最初为摄影作品《我们热爱和平》，首发是在 1952 年 6 月 1 日的《人民日报》上，后被改编成宣传画出版，且成为抗美援朝时期最具影响力、震撼力的作品。早在 20 世纪三四十年代，天津的印刷技术便非常出色，一些商业美术印刷厂常为各地商家代印或代加工广告、商标、花纸等，包括这张点心笺在内，天津的各色花纸广泛流传于三

图 6-4　和平鸽图

北地区。

甜蜜生活的标志,除了糕点,还有颗颗糖果。小小一张糖纸,虽是普通的包装纸,但也肩负起了宣传使命。当时天津市百货公司监制出品的一种杨梅糖,糖纸为红色单色印刷,设计绘画很用心。糖纸画面分左中右三部分,左侧画书本、铅笔、星星等,书本上写"好好学习,努力生产"字样;右侧画麦穗、农具,与左侧呼应,表示发展农业等。中间画面是重点,上方的"抗美援朝,保家卫国"八个字与五角星图样异常醒目,其下才是糖果名字和杨梅果子图案。

20 世纪 50 年代初,天津老牌绸缎庄谦祥益辰记尚在红火经营,地址在绿牌电车道(后滨江道)。抗美援朝之时,谦祥益辰记的广告画面也紧随时代。谦祥益选了草绿色的纸张,用红色印刷,这种配搭无疑是在追随志愿军。谦祥益辰记的店面为三层楼,楼图绘在广告中心,店名大字在最上方,下端为"棉布绸缎呢绒皮货服装"广告语。

值得一提的是,楼图左右分别写着"抗美援朝"和"卫国保家",直接契合声援热潮。另外,这样的宣传口号也出现在天津同达堂国药店(中山路)的仿单上,同显拳拳之心。

抗美援朝的几年间,天津有 12 家卷烟厂生产了 29 个牌号的印有"抗美援朝,保家卫国"等口号的香烟。比如天津新华烟厂(山西路)专门推出过卫国牌香烟,烟标上画着一面红旗,旗上赫然写着"卫国牌"三个大字,红旗迎风招展,引领着飞机、坦克勇往直前。天津公营恒大烟草厂还曾特别精制出赴朝慰问烟,大红色的烟标上专门写有"中朝人民军队并肩前进保卫世界持久和平"等字样。

大蚨织染厂与"新港"

　　中华人民共和国成立后,毛泽东同志十分关心天津塘沽新港建设,于1952年10月25日亲临视察。新港随之成为天津人民的骄傲,大蚨织染厂与时俱进地将新品棉布定为新港牌,商标画中正是美丽的新港景。

　　天津大蚨织染厂在当时社会主义改造不断深化的进程中曾小有名气。1950年9月16日《人民日报》在第二版刊发消息:"天津私营工厂生产竞赛在市总工会号召下,经过劳资协商和周密准备后,已顺利展开。继恒源、北洋纱厂及东亚企业公司等大厂开展生产竞赛之后,光明植物油厂、义大织布厂、洪牲纺织厂、大蚨织染厂、达生织布厂……中小型工厂也已先后展开生产竞赛。"期间,大蚨织染厂工人生产情绪高涨,遵守劳动纪律,产量质量大大提高,资方经营信心增加,工人福利也有所改善。

　　消息说:大蚨织染厂"织布、打络、整经、打穗、掏综、整理、修理、管理等八个生产小组,经过工友们的详细讨论,建立了联系合同,把生产任务的具体分配,劳动纪律的执行,都签订到联系合同里面,加强了工友间的互相督促与检查,因此保证了生产计划的顺利完成"。该厂展开竞赛后,实行了初步的民主管理,制订了具体的奖励办法,劳资双方充分利用协商会议,在会上资方代表报告营业情况,劳方代表报告工人生产情况,解决生产上一些大问题。

　　另外,1950年第17期《天津市政》也发文称:"九月下旬,调查已正式

图6-5 1952年新港换新颜

开展。竞赛的中、小型工厂计有天昌机器厂、福星面粉厂、德与化学厂、华光染厂、大蚨织布厂等。"大蚨织染厂的名气逐步扩大。

话说天津虽在20世纪30年代初就已成为全国第二大港口城市,但到了40年代末,深受战乱影响的新港已淤塞至极,大船难以进出。1951年8月25日修建塘沽新港命令发布,从这一天起,新港工程局的广大职工以百倍的劳动热情,全力投身第一期建设中。经过一年多的艰苦奋斗,工程于1952年10月胜利完成,10月17日新港举行开港典礼,这也是中华人民共和国成立后首个自行改建完成的深水良港开港。万吨轮泊岸装卸,新港从此获得新生。

大蚨织染厂的新港牌商标画将此新景象呈现,新港与船闸塔楼清晰可见,渤海风光尽收眼底,大振天津士气,新港的名气也随着大蚨织染厂产品的销售(商标画贴在布匹外包装上)传遍四面八方。

药商广告蹭年画热度

历史悠久的乐家老铺以用药地道、炮制如法深得百姓信赖,后来还承办过御药。1913 年,乐达仁用他在西方学到的管理方法改造祖业,成立了京都达仁堂乐家老药铺。此后,家族药业遍布天津、青岛、武汉、长沙、福州、西安、香港等地,名声显赫。达仁堂创业之初便十分注重口碑与广告宣传之道,创办当年便委托名窑烧制过专用的存储药材药品瓷罐,外观"京都达仁堂"的字样赫然醒目。

女子身寒体热、月经不调是妇科常见病,依此,人们总会想到老牌成药乌鸡白凤丸,感念其非凡疗效。

公私合营时期,天津达仁堂制药厂出品的乌鸡白凤丸为女界带来了福音。广告中,画家采用传统擦炭水彩画技法,一位卷发梳辫的女子跃然纸上。红颜粉面的她,春风般的笑意是送给此药的吗?

年画为百姓喜闻乐见,巧借年画做广告具有很高的关注度。1955年,天津达仁堂制药厂等在上海画片社出版的《梁祝蝶舞》小年画上印上了八珍益母丸的字样。八珍益母以爱情美满、生活和谐为主旨,梁祝蝶舞的画面也因此多了几分内涵。其实,仅一点就足够了,那就是你喜欢梁祝的同时,也多少了解了达仁堂要宣传的药品。小年画广告广泛赠送顾客,贴在居室,起到了很好的宣传效果。

年画上的粉脸娃娃无人不爱,1957 年,达仁堂又选用上海画片出版

图6-6　搭车年画卖良药

社的年画《樱桃甜》为载体，在年画上加印了牛黄镇惊丸的广告文字，受到新老顾客的普遍欢迎。1958 年，达仁堂又在《跑旱船》的画面上加印了鲜红的"女金丹"三个大字，成为事半功倍的妇科药广告。

虎骨是传统名贵中药材，具有强筋骨、祛风湿、镇静止痛等功效，是多种中成药及药酒中的主要成分。虎骨酒是昔日达仁堂的名品，酒体纯正、味略苦而回甘，很受顾客欢迎。达仁堂在 1959 年借助电影《布谷鸟又叫了》的剧照印行了虎骨酒月历式广告。

近时，我国签署了《濒危野生动植物种国际贸易公约》，犀牛角和虎骨贸易被禁止，以虎骨作为药材原料成为了历史，达仁堂虎骨酒于是成为有心人的珍贵"收藏品"。

伤湿止痛膏之类是家庭常备药，它在昔日又被俗称为"狗皮膏"。"文革"期间，达仁堂制药厂更名为工农兵中药厂，"狗皮膏"包装袋上的原厂名被红色的"工农兵"字样覆盖，原来的经典的"回生"商标也显得不重要了，"狗皮膏"三字更是改成了"风湿舒筋膏"，以期更好地为工农兵服务。

故纸上的欢歌说唱

《时事文艺》是 1960 年 4 月由百花文艺出版社、天津人民出版社联合编印的,时代特色显著,生活意趣浓郁。

中华人民共和国成立后百废待兴,广大人民群众建设社会主义的热情空前高涨。1956 年初"技术革命"口号提出,倡导各界努力学习科学知识,团结一致,迅速赶上世界科学发展水平,也恰自这一年,我国开始全面建设社会主义新阶段。时至 1958 年,第二个五年计划开局,从 1960 年 3 月开始,各地也响应号召,积极建立城市人民公社。《时事文艺》正是在此时代背景下出刊的。

《时事文艺》为三十二开本,共四页,选大红油墨单色印刷,用纸相对粗糙,这与当时的物质条件不无关系。封面上有版画一幅,约占页面一半的面积。画中描绘了几名纺织女工在车间劳作之余正对着一张新图纸研究着什么,你一言我一语,气氛热烈。图中右侧有个女工在喝水,她穿着白围裙,围裙上"人民公社"字样很醒目。版画下配文:"张大嫂,李大娘,今天开个革新会,个个争做诸葛亮,明天指标长翅膀。"图文皆署"本社美术组集体创作",至于"本社"到底指哪一家出版社、版画作者究竟是谁,今或已难查考。

翻开《时事文艺》,见一段《缝衣曲》,署名一新。它以妇人边做针线边哄孩子时的口吻写道:"小座钟,滴答滴,孩子睡的(得)真甜蜜,宝宝宝宝你睡吧,等妈给你做新衣。缝新衣,做新衣,绣花的围嘴苹果绿,明天送你去上学,幼儿园就在咱隔壁……"接下来,妈妈与孩子说起知心话,也算诉衷肠吧,她唱:"国家发展很快,虽然早想出去工作支援建设,但家务缠身出不去,不工作,谁不急,东风吹过花遍地,主任传达开片会,人民公社成立起。"又说:"公社的好处没法比,条条街道办工业,公社食堂也成立。服务站,设街西,拆洗组的牌子也挂起,一家有事万家帮,集体生活优越无比。"看得出来,孩子妈妈对城市人民公社充满向往,最后唱道:"剪刀快快飞,针脚行行密,人民公社真是好,唱支歌儿表心意。"

第三页上的对口小唱《五枝花》也较为生动,作者丁三。《五枝花》为姐妹对唱的形式,起首合唱"春风吹,百花香,人民城市好风光",然后姐姐唱"家家户户飘红旗",妹妹接唱"锣鼓鞭炮震天响",两个人列述城市公社的好处,"一枝花,红通通,开动机器响隆隆;社办工厂千万个,帮助大厂做加工……"再合唱"技术革新放光彩,干劲冲天显奇能,抓紧时间争分秒,数量质量日日增"。姐妹俩高兴地唱说各条战线建设新成就,一直唱到"五枝花",唱罢,结尾又道:"朵朵花,争鲜艳,城市公社大发展;唱上三年零三月,它的好处唱不完。"

图6-7 《时事文艺》封面

《新春景》《食堂好》《妈妈》《幼儿园》等发表在末页,其中的《新春景》是段岔曲,唱:"黄莺声欲话,嫩柳吐绿芽……一户户,整洁如画,喜气盈颊。(过门)一个个,新衣新褂,新鞋新袜,门框两旁把彩绸扎。"大家欢庆闹新春,歌颂好生活:"张大爷换上新棉袄,许老太太白发上戴新花,二伯紧写红喜报,儿童们手拍巴掌跳连连。好一派,万民腾欢激(卧牛)激情奋发。"

首届津门曲荟

中华人民共和国成立后,百花齐放、百家争鸣、推陈出新的文艺路线深入人心。曲艺在天津有着悠久历史,曲种流派繁多,为贯彻"双百方针",满足群众文化需求,1962 年 10 月,天津市文化局、中国曲艺工作者协会天津分会筹委会联合主办了第一届"津门曲荟"活动。

笔者收藏有当时的节目单,故纸册小巧玲珑,高 21 厘米,宽 9.5 厘米,方便观众边看节目边翻阅。信息显示,津门曲荟总体包括综合场、单弦专场、梅花大鼓专场、时调专场、京韵大鼓专场、相声专场、学员专场、评书及西河大鼓专场等,有的又细分一场、二场。曲荟节目丰富、演员阵容强大,有不少人后来成为著名表演艺术家。

比如,综合场中有天津时调《放风筝》,魏毓环(原文玉)演唱;乐亭大鼓《洪月娥做梦》,新韵霞演唱;单弦《小白菜》,石慧儒演唱;快板书《劫刑车》,李润杰演唱;京韵大鼓《光荣的航行》,小彩舞演唱;对口相声《珍珠衫》,常宝霆、白全福表演;梅花大鼓《傻洩》(又名傻大姐泄机),花五宝演唱;快板书《百鸟朝凤》,王凤山表演;京韵大鼓《愚公移山》,阎秋霞演唱;单弦《开吊杀嫂》,廉月儒演唱;乐亭大鼓《朱买臣休妻》,王佩臣演唱;对口相声《写对子》,马三立、赵佩如表演。

单弦专场中有阎凤华演唱的《劫皇杠》、李艳萍的《花木兰》、谢舒扬自弹自唱的《武松探兄》、屈振庭的《碰碑》、石连城的《杜十娘》、新韵虹的《棒打薄情郎》、新小谭的《武松打虎》、桂月樵的《老少换妻》等。梅花大鼓专场有阎丽云演唱的《劝黛玉》、周麟阁的七音大鼓《黛玉思亲》、刘连玉的《王二姐思夫》、史文秀的《红叶题诗》、周文如的《安安送米》、花五宝的《杜十娘》等。时调专场有朱文良演唱的大数子《蚂蚱螂出殡》、朱凤霞的新鸳鸯调《闺怨》、谢韵秋的落五时调《叹情楼》、屈振庭的靠山调(老调)《大五更》，还有彩唱拉哈调、落尺反调、小板、叠落金钱(原文铁落)、二六板老鸳鸯调等其他节目。京韵大鼓专场中有刘凤霞演唱的《南阳关》、桑红林的《长坂坡》、金慧君的《马鞍山》、小岚云的《洪母骂畴》和《子期听琴》、阎秋霞的《宝玉娶亲》和《太虚幻境》、小彩舞的《七星灯》和《卧薪尝胆》、小映霞的《甘露寺》、林红玉的《金定骂城》等。

相声节目同样异彩纷呈，如苏文茂、朱相臣表演的《美名远扬》；郭荣启的《杠刀子》；刘文亨、刘文真的《宇宙锋》；常宝霆、白全福的《打砂锅》和《听广播》；马三立、赵佩茹的《买猴》和《醋点灯》；阎笑儒、尹寿山的《卖布头》；常连安的《武松打虎》；高英培、范振钰的《卖五器》等。评书、西河大鼓专场设在鸟市曲艺厅，评书如边豫棠表演的《秦琼卖马》、邵增涛的《双枪老

图 6-8 第二届《津门曲荟》封面

太婆》、刘立福的《王者》、许连和的《打冈村》、冯玉春的《杨志卖刀》、王文玉的《伍秋月》等。西河大鼓如艳桂荣的《转幽州》、常起震的《花神庙》、郝艳霞的《日接三诏》、田荫亭的《智擒安乐侯》、王田霞的《薛刚赴宴》等。

　　小册中对节目的作者、改编者、整理者、伴奏者,以及演员当时所在的单位、团队等皆有详细记录,史料价值凸显。首届"津门曲荟"盛况空前,好评如潮,自此至 2000 年成功举办了十一届,成为天津"曲艺之乡"的重要标志。

"放羊"之路

20世纪50年代中国经济与物质生活亟待建设,大兴艰苦朴素作风,穿衣戴帽"新三年旧三年缝缝补补又三年"成为人们的共识,如此,专供百姓染衣染布所用的放羊牌染料(颜料)诞生了。放羊牌袋色、片色(瓶装)由天津染料化学第一厂出品,天津化工原料采供供应站包销,它以配方独特、色种齐全、质量上乘、价格低廉的优势畅销全国,特别享誉华北、西北、东北地区,成为全国染料行业的佼佼者,一跃成为天津的一张"名片"。

图6-9　放羊牌袋色老商标

放羊牌袋色用小纸袋包装,大家最熟悉的包装图样上画着一个穿橘色上衣配蓝色背带裤的女子,她抱着小羊羔,周边装饰以深蓝色为基调。除此之外,笔者还收藏有第一代放羊牌袋色包装袋:大红色调,单色印刷,圆框内有个戴蝴蝶结的美少妇,她穿着半袖花衣,戴着白围裙,一手用小竹竿正从盆里挑出衣裳,一手举着一袋放羊牌袋色,笑意殷殷,似乎在告诉大家:"还是它好。"这个包装袋的用纸、印刷相对初级,比"女子抱羊"那款要质朴许多。

放羊牌袋色的畅销与厂商、经销商的着力宣传广告分不开。天津采供站专门印制过《染料样本》推向全国。样本六面三折页,封面上有"女子抱羊"包装袋图、瓶装片色图,那倒出的两片蓝色片与药片如出一辙。折页内里特别贴附着30种色标卡,分别清晰注有色名,有些(专业)名称如今已不常提及,如:缸靠、杏黄、酱紫、果绿、翠蓝、金驼、栗子棕、雪青、靠灰、耐晒灰、煮绿、煮蓝等。

图 6-10 老广告上用袋色染衣服的生活图照

与色标相伴的广告图上画着母女俩,妈妈烫卷发,穿深蓝色中式祆与果绿色裤子,左手拎着一大包袋色,右手举着一小包。再看闺女,白衬衣配绿色裙,戴着红领巾,手里握着一瓶片色。她们兴高采烈的样子,像是从商店刚出来,正走在回家的路上。

一张 20 世纪 60 年代初印行的放羊牌袋色广告画,尺幅对开大小,画中皆为实景照片,通过六幅图讲述了袋色的染色方法。画中一红衣女子在自己家中染衣服,其屋内中堂画、座钟、青瓷瓶、联三桌、火炉(带烟筒的洋炉)等陈设井井有条,女子依次完成去浆洗净、投放染料、下布、煮染、清洗等环节。最后晾晒步骤被设计成大照片,另一穿湖蓝色褂、驼色裤的主妇出现了,她露出喜悦的表情,恰如老天津俗话所形容的样子:炕上一把剪子,灶上一把铲子,真是过日子的好媳妇。稍早前,放羊牌袋色还曾推出一幅连环画式广告画,画中用八格小画描绘了妈妈带着孩子染衣服的生活细节,讲解了染色过程。几幅广告画所表现的情景,现在看起来显得那么质朴、温馨。

北开的"王八"轱辘

中华人民共和国成立之初,国家一派欣欣向荣,生产建设蒸蒸日上,相形之下装载用的手推车、三轮车需求量大,车轱辘耗损也不小。当时天津北开崇德里明星车行生产的车轮远近闻名,1951年还隆重推出质量更佳的新品,服务社会。

明星车行缘何在北开兴业发达呢?风水宝地也。相对"南开"或"西开"而言,"北开"旧指老城北的开阔地带,相当于今河北大街与三条石大街交口向北不远处,现有北开大街、北开花园。此地位置得天独厚,毗邻子牙河、北运河、新开河、南运河、海河、三岔河口。北开更因渡口传名津城,北开渡口始于清乾隆年间,也称耳闸渡口,后因恒源纱厂建成,又叫恒源渡口。北开过海河便是北洋时期的河北新区,向南是老城北门外,街市素来繁华。这一带是天津近代工业的摇篮,也是黑白铁作坊的聚集区,相关产业链成龙配套,明星车行的买卖自然红火。

该行手推车车轮的创制人、监制人是贾亮、贾光。车轮命名为金龟牌,俗称"王八牌"。照常理说,一般人忌讳"王八"二字,或许贾氏兄弟反其道而行的理念正取自"千年王八万年龟"一说,祈实业永进发展,寓产品坚固耐久。在1950年老款基础上,手推车轮再度优化精制,次年造出新款,并推出真诚保修服务。如每个1951式车轮皆附一张说明纸(俗称内票),兼防伪冒与质保书的性质。笔者所见的明星车行故纸上云:真正王八牌车轮是手推车轮专家,是明星工厂首创,是贾亮制造的;瓦圈气门两旁盖有龟形钢印;天津只有本行独家出售,并无委托他家代售;保险(保修)一年,唯车轴、轴碗、珠子三种零件只保险一个月,在期内修理费用不取分文。

此说明纸正中印大幅照片,是 1950 年贾氏兄弟端庄手持车轮的影像,照片上方有"1950 年以前式样"标注。照片左侧紧随新式车轮照,见辐条上专贴一纸"金龟"商标画,突出真品正牌。说明纸最左印红字:"×先生今买去本牌车轮一个,特此掣给保险单一纸为证。公元×年×月×日。"左下角专留空白,是加盖车行印章的位置。

也许买主还会得到一张贾亮的名片,名片右上钢印压出"金龟"图标,随印"顾主注意、注册商标、认明老牌"字样。左下印贾亮标准照。名片中上位置还有"货真价实、言无二价"等字样。揣摩故纸不难发现,旧人与老车行精工制造、规范经营、恪守信誉等优良品行尽显其中。

胜芳特产"天津"牌

笔者得见几件旧年藕粉广告故纸、包装盒,乍看以为是天津产美味,细看实为根在河北的胜芳。话说起来,西湖藕粉天下闻名,妇孺幼小百吃不厌。古镇胜芳早年河塘纵横,可谓鱼米之乡赛江南,盛产荷花与莲藕,尤以东淀为最,位列当地"三绝"之一。胜芳藕粉滑润爽口,藕香十足,属上好的滋补品,历史上曾亮相于巴拿马太平洋万国博览会。

20 世纪 50 年代的胜芳东兴藕粉厂包装盒,整体色调为绿色,正面画着开满荷花的池塘,池中鸳鸯戏水,标明为"爱莲"商标。背面更有趣,主图描绘穿着粉红上衣、梳着大辫子的孩子妈妈正抱着胖娃娃,一旁的孩子爸爸穿着劳动服,正端着一碗藕粉喂宝宝,画面温馨。此图下红色大字写"精致片粒淀粉"字样,左右有广告词"洁白卫生"和"滋养丰富"。看来东兴藕粉、淀粉有片状、颗粒状两种,另据故纸显示信息可知,其产品分为三档,特等为纯藕粉,甲等为马铃薯淀粉含藕粉,乙等为细加工淀粉。之于藕粉,品质较好的淀粉在物质匮乏年代也是退而求其次的营养稀食,家人不舒服了,调稀后用沸水冲一碗,加点白糖,趁热喝。再就是天津特产桂花块藕粉,白纸小包,上印红色红圈荷花图,可干嚼,滋味清甜适口。

话说回东兴藕粉包装盒,其上标注的地址为"天津东马路'乐善好施'内仓廒街四十二号",胜芳藕粉商驻庄津城信息确凿。仓廒街在哪?老官银号菜市以南,文庙以北,街东口与繁华的东马路相通。该街历史久,自清代中叶在此建官仓、义仓(民间管理)而得名,初称义仓街,后来更名仓廒街。遇灾,义仓常向百姓发放救济粮,随之官方为表彰积极捐款捐粮的乡绅,特在街东口竖起"乐善好施"牌坊,此处正是东兴藕粉厂的驻庄位置,自得东马路商业客流。

胜芳虽美,但毕竟是小地方,怎及车马杂沓、人来人往的天津码头大都市?胜芳与天津两地西东相望,一衣带水,以津城为平台售卖胜芳特产当是聪明之举。这与河北遵化一带所产的栗子素来先运销到天津,再巧借"天津栗子"盛名,以此为踏板出口东南亚等地,如出一辙。言此,直到20世纪80年代末还有迹可寻,如胜芳镇藕粉厂出品文昌阁牌真藕粉,其以绿色为主调的包装盒,与在津家喻户晓的津产藕粉的包装盒几乎别无二致。值得一提的是,文昌阁牌藕粉在盒上大字标注的厂名为"天津西胜芳镇藕粉厂",不难看出,"天津西"是自带光环的名号。

回望收音机

直到改革开放初期，人们对"三转一响"的渴望仍旧像今天的人渴求山水别墅一样，"三转一响"是当年天津人立业兴家的重要标志。所谓"三转一响"中的"一响"是收音机，另外三件是手表、自行车和缝纫机。

笔者存藏有系列老天津出产的收音机的说明书、广告宣传品等，其封面各有特色，有的以图案为主，有的以文字为主，色彩大多浓烈厚重，具有较强的时代气息，细细品味，从中也可回顾中国、天津广播事业与收音机产业的蹉跎故事与民生。

1922 年末，一位名叫奥斯邦的美国记者在上海开办中国无线电公司，这成为我国境内的第一座广播电台。1926 年 10 月，中国人自办的第一座电台——哈尔滨广播无线电台开始播音。

1940 年 12 月 30 日，中国共产党领导的延安新华广播电台以 XNCR 为呼号开始对外播音，拉开了中国人民广播的序幕。1949 年 9 月 21 日，由延安新华广播电台发展起来的北平新华广播电台播出了毛泽东主席当天晚上在中国人民政治协商会议第一届全体会议上的开幕词，许多民众从收音机里听到毛泽东的庄严宣告："占人类总数四分之一的中国人从此站起来了。"随后的 9 月 27 日，北平新华广播电台改名为北京新华广播电台。10 月 1 日，新华台在天安门城楼上实况转播了开国大典，毛泽东的庄严宣告和整个盛况通过收音机传遍四面八方。新华广播电台后来更名为中央人民广播电台。

广播在传递着喜讯的同时,收音机这个"神秘的话匣子"也开始被更多的中国人熟悉和喜爱。但中华人民共和国成立之初,电子工业很不发达,国内的电子管收音机大多是德国、美国、日本产品,或是进口元件的组装机,收音机对百姓来说无异于一种奢侈品。

1951 年 3 月 1 日对于中国电子工业而言是一个值得纪念的日子,我国第一个专业电子管厂——南京电工厂成立了,11 月 20 日,我国第一套国产收音机电子管在该厂研制成功。1953 年 3 月 25 日又有捷报传来,红星牌 502 型收音机作为第一台全部国产化的电子管收音机在南京试制成功,我国只能依靠进口元器件组装收音机的历史结束了。与此同时,国营(天津)712 厂也在仿造苏联莫斯科人牌电子管收音机进行生产,随后,北京牌(俗称"小北京")4 灯 2 波段来复式超外差电子管收音机在 1955 年隆重上市。这款收音机当时售价 80 多元,相当于一个普通百姓两三个月的工资。

所谓超外差式收音机是指输入信号和本机振荡信号产生一个固定的中频信号的过程。如果把收音机收到的广播高频信号都变换为一个固定的中频载波频率(仅是载波频率发生改变,而其信号包络仍然和原高频信号包络一样),然后再对此固定的中频进行放大、检波,再加上低放级,就构成了超外差式收音机。

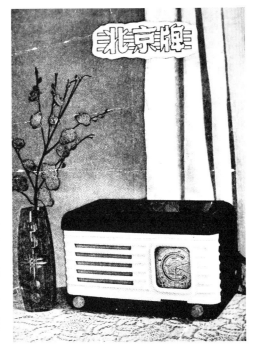

图 6-11 第一代北京牌收音机广告

图6-12　工农兵牌收音机说明书

据一位天津老人回忆,他家在1956年的新年破天荒地添置了一台"小北京"收音机。栗子皮色的外壳油光锃亮,摆在桌上十分气派,旋钮一开说唱全来,真是"大道正声从天降,金音玉韵皆入怀"。就是从这时起,丰富的广播内容为他的作文增添了许多内容。广播与这位少年学子成了良师益友,相伴一生。

当时的广播教学节目也让另外一位天津中学生记忆犹新。他记得,当年正赶上英语广播讲座开播,他下决心学好英语。他家的那台北京牌收音机音质洪亮,他一直收听英语讲座,跟着收音机学音标,模仿发音,学词汇,学唱英文歌,电台老师自编自演的配乐英文短剧《草原英雄小姐妹》曾给他留下了深刻的印象。

天津与国内其他城市一样,当年像上述二位家境良好的少年一样能拥有良好家境尽情享受广播的人并不多,收音机一般都被小心翼翼地放在部队、工厂和学校的宣传部门或广播室里,单位或街道随处可见安装在高杆上的大喇叭,这便是"公共收音机",党的方针政策正是通过它传遍城市乡村的。

中国电子工业在不断发展,1958年3月11日,第一台国产半导体收音机在上海试制成功。1958 年国庆节前夕,第一台袖珍式半导体收音机在哈尔滨研制成功。一年后,300 台 ST2–1–1 型晶体管收音机从上海无线电器材厂下线,国产晶体管收音机首次实现商品化。

毛泽东历来重视广播事业的发展,对此曾作出过多次指示。1965 年 9 月 15 日,毛泽东为中央广播事业局题词:"努力办好广播,为全中国人民和全世界人民服务。"这一指示随即被广泛装饰到收音机外壳上,印在收音机说明书上,醒目耀眼,风行华夏。

天津是中国电子工业的基地,自 712 厂的北京牌收音机开始,到后来的农乐牌、工农之友牌、野玫瑰牌、鹦鹉牌、长城牌、海棠红牌、和平牌、海河牌、强声牌、红旗牌、天津牌、远航牌等收音机都对中国广播的发展与收音机的普及做出了重要贡献。进入 20 世纪 70 年代,收音机还可谓天津普通家庭客厅里耀眼的陈设,可能比现在的一台超大液晶电视还要显得"牛气"。当时的电视机与电视节目尚属稀缺,茶余饭后,一家老小守着收音机,听听新闻,听听戏剧曲艺,听听"小喇叭"少儿节目,其乐无穷。

图 6-13　海河牌收音机说明书

捡烟头儿

眼下的青年很难想象旧时捡烟头、收购烟头的生活细节,如若说这还曾形成过小小的产业链,那更是匪夷所思的事了。笔者收藏的一幅题为《回收烟头》的老广告画就是这段岁月留下的痕迹。

20 世纪 50 年代末 60 年代初,"大跃进"之后,物资匮乏,经济停滞,百姓在缺衣少食的困苦中蹉跎着。全国烤烟大幅度减产,加之当时一切厉行节俭,各个卷烟厂相继推出了"经济"烟,如天津的经济牌(最低档的"戊"等级)、南京的勤丰牌、重庆的合作牌、郑州的勤俭牌、蚌埠的团结牌、昆明的春耕牌等。香烟品质也一降再降,每包只有几分钱至 1 毛多钱,即便如此依旧紧俏,需要凭票供应,云云烟民几乎到了"扛烟刀"的境地,望"烟"兴叹。

在"勤俭节约,自力更生"的感召下,人们想到了丢弃的烟头。各地随之产生一批专门捡拾、回收烟头的人,以及制作再生卷烟的烟贩。再制烟卷的生意红红火火,因为比经济牌号更实惠的价格对顾客极具吸引力。

捡烟头的人大致可分为几种不同的情况。一是孩子,有些勤工俭学的意味。20 世纪 60 年代初的周日或下午放学后,在车站、码头、商业街等熙攘热闹处不难见到一些孩子手里拎着小袋子,四下踅摸捡烟头,待收集多了换一点点钱。二是偷着学吸烟又怕家长骂的少年,攒烟丝。三是穷困的烟民或是生活简朴的老人。老上海的乞丐将捡烟头形象地称之为

"捉蟋蟀"，捡吸者有时为了一个烟头，需紧紧跟住一个吸烟者，甚至要跑上一大段路，捡到的烟头有时是烫手的。烟瘾已经让他们顾不得尴尬了。

图 6-14　回收烟头的老广告记录着曾经的生活细节

大画家韩羽在《父子之间的怯意》中回忆："大约是 1960 年，父亲到天津看我来了，我说：'今儿咱们上街吃一顿狗不理包子，再领你去看看美术展览。'……刚走过劝业场，我一回头，见他正弯腰从地上捡烟头。我嚷了一声：'扔了！你也不嫌脏。'他赶紧扔了烟头，眼神带有惶惑和惧意……"

剥掉烟头的烟纸，把烟丝汇集起来，以每市斤五六角钱的低廉价格卖给烟贩，可换回几角零花钱贴补生活。烟贩则将烟丝简单清理筛选，再加价卖给烟民卷吸，卫生状况无从谈起。各地烟厂同样在想尽招数维持生产，有的厂商也回收烟头重新利用，或者研发烟叶代用品、合成烟等，以满足市场需求。

四开大小的《回收烟头》广告是 20 世纪 60 年代初期天津有关方面印行的，画中有一位干部模样的男子正坐在沙发间悠闲地喷云吐雾，硕大的黄色烟圈里写着："吸剩烟头别乱扔，防止火灾讲卫生，卖给国家援生产，利国利己好事情。"广告特别提示，天津各烟酒门市部、烟摊均代收烟头。据说，当时用回收烟丝生产出的卷烟有一个风趣、贴切的名字叫"锦卤烟"，各种口味的烟丝什锦杂糅，倒可一解燃眉之急。捡烟头、剥烟丝的窘境大约持续到 20 世纪 60 年代末 70 年代初，虽然那佝偻着腰捡烟头的身影在街道上还偶尔可见，但贫困的生活已经接近尾声了。

后　记

　　大凡文化名流、闲雅书人往往有书账在案，若干年后自显其史料价值。在下凡夫俗子，从小买书淘书凭感觉，零敲碎打无主线，更无书账可言。岂料想近三十多年前鬼使神差般地喜欢上了故纸——那些尘封的却又五彩斑斓的老广告、老商标。

　　个人觉得，所谓"搜罗"不过是个虚词，淘换要靠真金白银投入。日子久了，对某一张、某一批故纸在当年是花了多少钱买的，真是忘得一干二净。俗话说，好记性不如烂笔头，后来故纸到手索性将费银几何记在破本子上或收藏册衬纸一角。过过一分钱掰两半的穷日子，以防日后老糊涂了亏本钱。细想，挺狭隘。

　　其实这倒是次要，关键在于淘书淘故纸整理收藏该是消闲生活的乐事雅好。生活需要观察，串店逛摊也是如此，诸多市井风情、买卖对话、藏友交谊，常间或有趣闻轶事发生，且鲜亮亮、活生生。还有"捡漏"的窃喜，"打眼"的沮丧，"瞎买"的茫然，"中病"的五味，以及差半步而失之交臂的遗憾，等等，不一而足。难道这些不值得落在笔端吗？就这样，朴素的日子缘此多了几抹色彩。归根结底是玩，别太累就好。至少我是这样想的。

　　再一点想说的是，古董收藏历来讲究流传有序，此乃鉴宝的重要因素之一。古画名瓷善本书，它们在世间的故事为人津津乐道，破旧纸片片难与其相提并论。但是,藏市的卖家来自五行八作,他们永远比买主早一手得到故纸,人家当然更晓得藏品的来路,有时会在闲聊中向我娓娓道来,哪怕是云山雾罩侃八卦,然颇有情节,不乏意趣。更不消说某张故纸确来自某家祖传,后辈一聊一钩沉,俨然算得上口述史料了。天长日久,我寻思诸如此类的若干细节不能单存在脑子里,因为一个人难有无限大的内存,所以决定随手记下来,哪怕只是几个关键词。

时下爱旧物、懂生钱的人太多了,就连久不出屋、目不识丁的老太太都知道家里的坛坛罐罐不能乱扔,更不能便宜卖了,再看废品站里也挤满了收旧书、敛旧器的小贩,大有人人争做"保管员"的架势。而我,绝不想当个单纯的"保管员",因为人生是减法,大到金山银山,小到方寸纸片,不会永远属于某一个人。

关于老广告,有句话叫"百年无废纸",悉心审视、品读,画里画外的文化信息、史料累积,乃至文献价值,犹如富矿,足以让人夜不能寐、眼界大开。好琢磨,好码字,干脆别停,挖掘考索梳理出来,若能"吃干榨净",真好似落得了如释重负的快感。

我喜欢"故纸温暖"的感觉,笔名谓"温暖"。总在思考,温暖不该是一个人的手炉,与读者分享才是最快乐的事,更是一种加法生活。如此,这些年来写了一些杂糅着文史研究、藏市风景、买卖细节、情感心绪等多重元素的"玩主手记",相继见诸媒体,且形成专栏或丛话,受到读者欢迎。我力图在轻松的笔调中融入"硬朗"的干货,小甜点、烹大虾通吃,想走一条雅俗共赏的"收藏随笔"路子,给读者良好的悦读感受。大致,我的期许达到了。

承蒙天津市档案馆(天津市地方志编修委员会办公室)慨允,有劳出版社编辑辛苦编审,让这本小册子得以问世,于此,我要表示真诚谢意。之于鄙人,小书的出版也最是一份欣慰,挺温暖。

2022 年 9 月 29 日